8 Z 18190

Paris
1911

Secrétan, Charles

Correspondance de Renouvier et Secretan

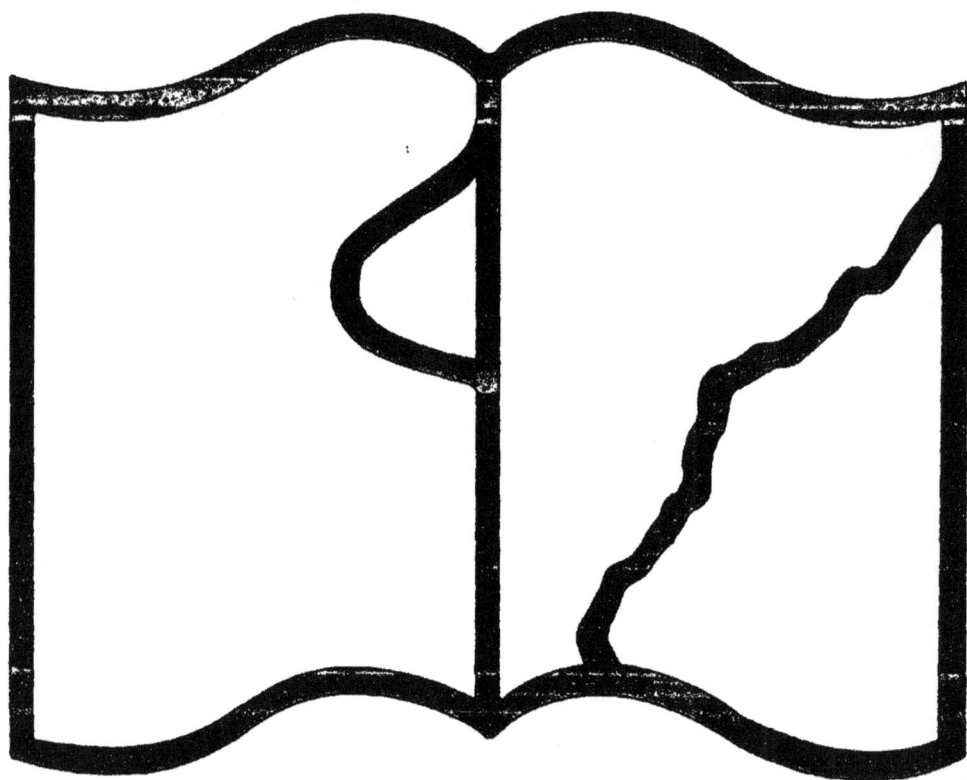

Symbole applicable
pour tout, ou partie
des documents microfilmés

Texte détérioré — reliure défectueuse

NF Z 43-120-11

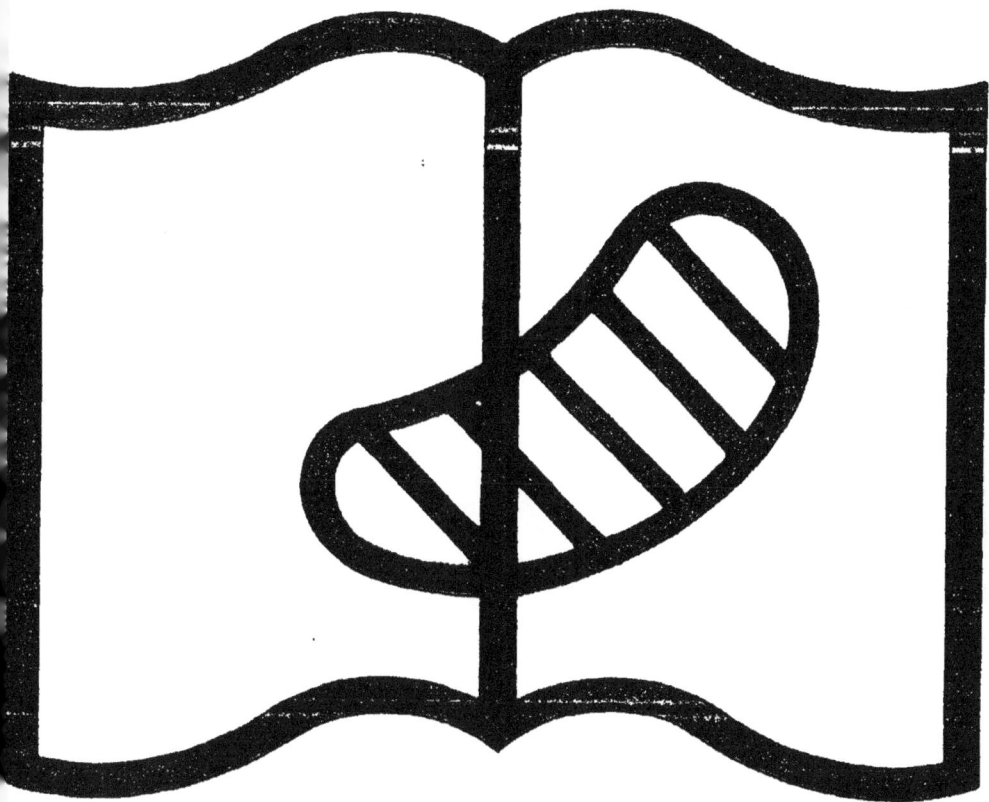

Symbole applicable
pour tout, ou partie
des documents microfilmés

Original illisible

NF Z 43-120-10

Correspondance

de

Renouvier et Secrétan

Avec deux portraits hors texte *en phototypie*

Librairie Armand Colin

Rue de Mézières, 5, PARIS

Correspondance

de

Renouvier et Secrétan

CH. RENOUVIER
à 75 ans

Correspondance

de

Renouvier et Secrétan

Avec deux portraits hors texte *en phototypie.*

Librairie Armand Colin

Rue de Mézières, 5, PARIS

1910

CORRESPONDANCE

DE

CH. RENOUVIER ET DE CH. SECRÉTAN

I. — *M. Renouvier à M. Secrétan*[1].

Paris, 5 janvier.

Monsieur,

Excusez-moi si je ne vous ai pas encore remercié de l'attention dont vous avez bien voulu honorer mes idées. Ce n'est la faute ni de ma volonté ni de vos excellents articles que l'on a eu l'extrême obligeance de me faire parvenir. Ils ont excité en moi le plus vif désir de vous témoigner toute ma reconnaissance de la bonne opinion que vous avez conçue d'un inconnu et de la recommandation que vous faites de ses recherches aux lecteurs sérieux. Permettez aussi que je vous félicite sincèrement de la profonde introduction dont vous avez fait précéder votre critique.

J'ai encore le plaisir, car c'en est un, Monsieur, que de se trouver d'accord avec un esprit aussi élevé et aussi consciencieux que le vôtre, de pouvoir réclamer contre l'interprétation que vous avez donnée à mes tendances sur certains points. Les formes étriquées de ce pauvre manuel que vous dites si bien n'être qu'un essai ne m'ont pas permis de m'expliquer toujours comme je l'aurais voulu. Cependant j'ai retrouvé aisément les passages qui font foi de ma croyance philosophique à la personnalité divine et aux perfections morales du Créateur.

1. Cette lettre doit dater de 1843 et se rapporter aux articles de Secrétan dans le *Semeur* des 16, 23 et 30 novembre 1842, sur le *Manuel de philosophie moderne*, par Renouvier.

J'accepte avec empressement pour mon compte la promesse que vous faites à vos lecteurs d'accorder votre attention aux travaux que je prépare. J'ai autant à y gagner qu'eux et peut-être bien davantage.

Agréez encore une fois, monsieur, mes vifs remerciements et l'assurance de la considération avec laquelle j'ai l'honneur d'être

Votre très humble et très obéissant serviteur.

C. RENOUVIER.
Rue de Vaugirard, 57.

II. — *M. Renouvier à Mme Coignet.*

Paris, 2/12 1868.

Madame,

Je trouve sur ma table, en rentrant à Paris après une longue absence, les volumes de M. Secrétan et votre lettre qui, ne venant pas par la poste, a été maladroitement gardée par la concierge. Vous m'avez jugé bien indifférent ou négligent, et il s'en faut ici que je le sois. Je vous remercie de grand cœur du don que vous m'avez apporté de Suisse et de l'occasion que vous m'offrez de faire connaître mes ouvrages à une personne que j'honore et dont j'estime le talent depuis longtemps. Je suis même le très anciennement obligé de M. Secrétan : il a le premier rendu compte de mes *Juvenilia* de philosophie dans un journal d'alors : le *Semeur*, et cela avec une extrême bienveillance. Et il l'a peut-être oublié, mais je m'en souviens toujours. Je vais lui écrire pour m'excuser de n'avoir pas répondu plus tôt à son présent d'auteur, et aussitôt qu'auront paru mes deux gros volumes de morale, je les lui expédierai avec ceux des *Essais*. Ce sera dans quelques jours. Je remettrai cette même *Morale* chez vous dans les 24 heures de son apparition en librairie. Vous y trouverez les questions qui nous séparent de M. Secrétan et celle qui me rapproche beaucoup de lui, quoique sur un théâtre différent du sien, traitées avec tout ce que je peux avoir d'indépendance d'esprit et d'amour de la vérité. Il me tardera beaucoup de savoir si ces volumes obtiendront la même faveur que leurs aînés, de vous, Madame, qui êtes la personne du monde à laquelle je voudrais peut-être le plus rendre mes vues acceptables en ce qu'elles ont de contraire au courant qui emporte le monde.

Agréez l'expression de mon affectueux respect.

C. RENOUVIER.

III. — *M. Renouvier à M. Secrétan.*

Monsieur, Paris, 2 déc. 68.

Je vous remercie de tout mon cœur du don de vos ouvrages[1]. Il y a longtemps que j'ai appris à les estimer, mais je ne possédais que la *Philosophie de la Liberté.* Je vais lire les autres avec le même très vif intérêt, et je compte m'occuper longuement de tous, à propos de la grande question qui nous rapproche vous et moi, vis-à-vis du courant du monde, encore plus, je le crois fermement, que nous ne sommes séparés sur le point des rapports de la religion et de la raison : ce sera dans l'introduction de l'*Année philosophique,* 2° *année* dont je m'occupe en ce moment. Ma lettre et mes remerciements sont bien tardifs, c'est que la lettre que M°° Coignet a bien voulu m'écrire en remettant les volumes chez moi, n'étant point arrivée par la poste, est restée sur ma table au lieu de m'aller trouver dans le midi, et je ne suis à Paris que d'hier. Aussitôt qu'auront paru deux gros volumes de *Morale* dont je corrige les dernières épreuves, je compte les joindre à quatre autres que j'ai publiés sous le titre d'*Essais de Critique Générale* et vous expédier le tout à Lausanne en retour du présent que vous me faites et que je n'aurais pas dû attendre. Vous rappelez-vous, Monsieur, avoir rendu compte autrefois dans le *Semeur* de mes *Juvenilia* de philosophie? probablement non, mais je n'ai point oublié la bienveillance avec laquelle vous accueillîtes alors un début si imparfait. Je suis resté votre débiteur depuis ce temps, au moins de ce qu'il m'est donné de produire à une époque de maturité plus grande.

Agréez l'expression cordiale de mes sentiments de sympathie et de respect.

C. RENOUVIER.

P.-S. J'ajouterai s'il vous plaît à mon envoi un ouvrage qui doit vous intéresser et que vous auriez reçu bien plus tôt si j'avais connu votre adresse. C'est l'œuvre posthume, complète en quelques parties, de mon ami et ancien camarade de l'école polytechnique, Jules Lequier. Édité par mes soins il y a quatre ans, il n'a pu, pour raisons particulières, être mis en vente. Je n'ose pas en faire l'éloge avant

1. Les ouvrages dont il est question doivent être les *Recherches de la méthode qui conduit à la vérité,* 1857, et le *Précis de philosophie,* 1868.

que vous l'ayez lu, parce que les termes de mon admiration vous
sembleraient exagérés. Mais je suis sûr que vous le lirez tout entier
dès que vous en aurez lu quelques lignes, et je compterai même sur
vous pour le faire connaître dans le cercle de Genève où il n'est sans
doute pas encore parvenu. Il est intitulé *La Recherche d'une première
vérité.*

IV. — *M. Secrétan à M. Renouvier.*

Les Bergières, sur Lausanne, 5 déc. 1868.

Monsieur,

J'ai reçu avec un extrême plaisir la marque de votre bienveillant
souvenir. Je me rappelle fort bien, en effet, avoir annoncé votre
Histoire de la Philosophie dans le *Semeur* conjointement avec l'*Histoire de la Philosophie moderne* d'Ed. Erdmann, mais j'avouerai que
la tendance doctrinale m'en a échappé.

Ce que j'y ai vu surtout, ce sont des expositions nourries, accusant
l'étude des textes, et c'est pour ces qualités que je les ai recomman-
dées à mes étudiants, pendant bien des années. Mais, privé d'organe
et de contact avec le public depuis la suppression du *Semeur*, ensei-
gnant dans de petites villes où peu de choses arrivent, trop besoi-
gneux pour acheter des livres, je suis resté étranger à vos travaux
ultérieurs. Quelques articles dans la *Morale Indépendante* m'ont fait
connaître votre tendance, puis j'ai lu le compte rendu de M. Ravaisson sur la foi duquel j'ai fait une page sur vous dans la *Bibliothèque
Universelle* (actuellement à Lausanne)[1].

L'article (que j'aurais peut-être quelque motif de cacher) vous
aurait pourtant été envoyé si nous avions possédé votre adresse
que votre lettre ne me donne pas.

Je recevrai avec d'autant plus de plaisir votre envoi que j'ai déjà
obtenu de la *Bibliothèque Universelle* la faculté d'y mettre l'été prochain deux ou trois articles sur la Philosophie Critique en France.
Je présume d'après la nature de vos sympathies que l'œuvre posthume de M. Lequier rentrera dans le cadre de cette étude. Je voudrais y placer aussi M. Tissot, M. Cournot, et peut-être M. Vacherot.
Est-ce bien cela?

1. *Bibliothèque Universelle*, 1868, t. XXXIII, 214-215, dans un article intitulé
« La philosophie de Félix Ravaisson ».

Un jeune professeur français de mes amis, M. Buisson[1], mon
successeur à Neufchâtel m'a prêté, il y a quelques semaines la
1re *Année Philosophique* où j'ai lu votre Introduction avec un plaisir
infini, malgré quelques divergences de tendance plus que de doctrine. La critique du Positivisme fait la matière de ma préface à la
Philosophie de la Liberté, 2e éd.[2], j'ai dû m'avouer que celle de
M. Ravaisson valait mieux que la mienne, et la vôtre m'a paru supérieure aux deux, M. Littré est, dit-on, un excellent homme, mais il le
prend sur un ton qui appelle le sarcasme et sa manière de discuter
philosophie me fait l'effet d'un bégaiement.

Puisque vous voulez bien parler de moi au public français, veuillez
me demander ce qui pourrait vous manquer, la courte série de mes
publications étant sur la couverture du *Précis*[3].

En attendant, laissez-moi dire, comme explication, que je suis
licencié en droit et nullement théologien, que je ne reconnais aucune
autorité en matière d'opinion et que mes idées sur la critique sacrée
se rapprochent beaucoup de celles de M. Huet. Seulement, ne pouvant me départir de *Dieu*, qui est une nécessité pour ma pensée et
l'évidence première, je ne trouve la conciliation du fait *a priori* et
de l'expérience que dans la Chute et dans la Restauration. Mais la
métaphysique du Christianisme qui forme mon deuxième volume de
la *Philosophie de la Liberté* n'a plus pour moi qu'une valeur restreinte.
Sans avoir positivement mieux, je n'y vois qu'une tentative pour
s'expliquer les grandes doctrines du Christianisme historique dans
un sens admissible pour la raison, c'est-à-dire compatible avec la
conscience morale *qui reste le juge*. J'ai repris la même tâche dans
mes *Essais de méthode*[4] et si toute la matière n'excitait pas chez
vous une répulsion si vive, il vaudrait la peine de comparer les deux
dogmatiques. Pour moi, le salut comme la disposition native au mal
s'expliquent par la solidarité, qui est un fait d'expérience dont la
théorie ne doit chercher que l'explication, de sorte que je suis fort
disposé à écarter toute spéculation sur les doctrines de Nicée ; ma
Christologie converge plutôt à l'idée de la Sainteté.

1. M. Ferdinand Buisson avait remplacé Charles Secrétan en 1866 comme
professeur de philosophie à l'Académie de Neufchâtel.
2. *La Philosophie de la Liberté*, Cours de philosophie morale, 2 vol. in-8,
Paris et Lausanne, 1849; 2e édition, 1868.
3. *Précis élémentaire de philosophie*, 1 vol. in-12, Lausanne, 1868.
4. *Recherches de la Méthode qui conduit à la vérité sur nos plus grands intérêts, avec quelques explications et quelques exemples*, 1 vol. in-12, 1857.

Saint = divin. La Divinité de J. C. = l'intégrité de l'humanité. Et généralement la question de *Dieu en soi* me devient étrangère, la vraie portée de la *Philosophie de la Liberté* est *critique*. Elle veut dire que la Divinité, soit la Bonté divinisée, sont *des faits* au delà desquels l'esprit ne peut et ne doit pas remonter, que Dieu en soi est insondable. Je sais parfaitement que ma formule : « Je suis ce que je veux », ne donne d'autre repos à la pensée que celui de la résignation.

Ma méthode apparente : le développement dialectique d'un concept universel et nécessaire, s'explique par une éducation philosophique allemande; j'ai suivi les cours de Schelling et de Baader dans la ville[1] où Krause venait de mourir, au moment où le Hegelianisme dominait tout. Mais ma tendance personnelle, qui n'a pas encore trouvé et ne trouvera peut-être pas son expression adéquate, serait bien plutôt de tirer la Métaphysique (la *croyance*) de la Morale, de compléter, de corriger, de développer les *Postulats de la Raison Pratique*, bref, de mettre à l'indicatif tout ce qu'implique la souveraineté de l'*impératif*, notre seule attache au monde intelligible.

Sauf une définition spéculative du *mal* moral (quant au contenu) trop faible pour l'analyse psychologique et d'ailleurs incompréhensible comme conséquence, la *Religion* de Kant *dans les limites de la Raison Pure* me semble la meilleure des dogmatiques.

Pardonnez-moi de parler ainsi de moi, veuillez recevoir mes remerciements anticipés pour l'envoi promis et me croire votre bien dévoué

CH. SECRÉTAN.

V. — *M. Renouvier à M. Secrétan.*

Paris, rue du Jardinet, 13, 10/1 69.

Monsieur,

Si je n'ai pas répondu de suite à votre infiniment aimable lettre du 5 décembre c'est que je croyais pouvoir d'un jour à l'autre faire partir le ballot que je vous avais annoncé et vous informer de l'envoi. Mais il y a eu quelque retard apporté à la publication de mon dernier ouvrage, qui en fait partie. Enfin M. Ladrange m'apprend qu'il a remis le tout aux messageries à votre adresse. Vous le rece-

1. Munich.

vrez j'espère sans encombre et sans frais. Je serai bien heureux d'avoir votre impression générale sur ma *Science de la morale*, quoique je ne me dissimule pas que nos vues sur le fond même de la morale (rationnelle et chrétienne comparées) doivent différer. Mais sur d'autres points de la plus haute importance, où nous ne suivons ni vous ni moi le courant du siècle, j'obtiendrai j'espère vos sympathies. Vous verrez que j'ai abordé le problème du mal avec conscience et sévérité et que j'admets une chute, moi aussi, tout en faisant effort pour ne pas m'éloigner des sens philosophique et historique des choses.

Je vous remercie beaucoup des renseignements nets, sincères et profonds que vous me donnez sur vos tendances et la marche de votre pensée. Je m'en servirai pour me préserver de toute erreur d'interprétation dans le compte que je voudrais rendre de vos travaux. Je ne pourrai malheureusement qu'être bien succinct dans cette tentative, car elle fera partie d'une longue étude historique sur *l'infini, la substance et la liberté*, où bien des noms anciens et modernes se disputeront la place. Du moins vous ne serez pas des plus mal placés, et je tâcherai d'exprimer toute l'estime que vos travaux doivent inspirer.

Je n'ai de vos ouvrages ni la *Philosophie de Leibniz* ni *la Raison et le Christianisme*, ni *l'Ame et le Corps*, ni *l'Université fédérale*. Mais je n'ose vous les demander, du moins jusqu'à ce que vous ayez une occasion de les envoyer à Paris, et en supposant que vous en ayez des exemplaires. S'il en est un dans le nombre que vous pensiez devoir m'être immédiatement utile, veuillez me le désigner et je l'achèterai ici.

Je vous recommande de *toute mon âme* la lecture des posthumes de Lequier. Vous y trouverez, outre les grandes beautés de style, toujours attrayantes, des convictions énergiques et originalement rendues sur la certitude et sur la liberté. La question de la *prescience et de la liberté* est traitée dans un dialogue véritablement étonnant d'une manière qui ne peut que vous intéresser vivement... Si quelques personnes de votre connaissance vous paraissaient (après que vous aurez lu) mériter le don de ce beau livre [1], qui n'a été tiré qu'à 100 exemplaires, j'en ai encore quelques-uns disponibles.

1. En marge : je veux dire simplement devoir le lire avec intérêt et attention.

Il n'y a guère en effet de tendances philosophiques appréciables dans mes *Manuels*, dans le premier surtout, et j'ai abandonné celles qu'on démêlerait dans le second. Ma pensée a été complètement bouleversée il y a environ dix-huit ans. J'ai cherché ardemment toute ma vie. Pendant une certaine période, je me croyais rivé à des idées en vérité fort analogues à l'hégélianisme. La question de l'infini et des contradictions me travaillait. Le fond de mon travail et de mes progrès, depuis ma sortie de l'école polytechnique, tenait à l'idée que je devais me faire de l'infini considéré mathématiquement, c'est-à-dire dans l'espace et dans le temps. Là aussi fut ma révolution, et plût à Dieu que je n'eusse pas écrit une ligne auparavant!

Je recevrai avec beaucoup de plaisir le Nº de la *Bibliothèque Universelle*¹ où vous avez bien voulu parler de moi. La critique, si critique il y a, ne me fait pas peur. Je me flatte d'être de ceux qui l'aiment, alors même qu'ils ont à en souffrir. Traitez-moi toujours avec la dernière rigueur. Quand la bienveillance y est aussi, rien de plus salutaire.

Croyez-moi votre bien dévoué   C. RENOUVIER.

P.-S. Mille pardons pour la distraction qui m'avait fait oublier de vous donner mon adresse.

[La lettre de Secrétan qui fait suite à la précédente n'a pas été retrouvée.]

VI. — *M. Renouvier à M. Secrétan.*

Paris, 25/1 69.

Monsieur,

Je vous rends grâces pour l'envoi de la *Raison et le Christianisme* et la *Philosophie de Leibniz*. Je ne manquerai pas de les lire comme vos autres ouvrages que je ne connaissais pas encore et quelles que puissent être mes dissidences je suis sûr au moins de retirer de ma lecture le profit qu'on trouve dans le commerce d'un esprit tel que le vôtre. Mais je pense que je ne vous ai pas encore remercié spécialement pour la *Philosophie de V. Cousin*. Je l'ai cependant lu aussitôt que reçu et j'y ai trouvé pour la première fois les appréciations d'un philosophe sur ce... faut-il dire hâbleur? Le discours de M. Mignet ne me fait pas changer d'avis sur l'insuffisance de toutes les autres critiques ou louanges arrivées à ma connaissance. Mais votre ouvrage est plein de pensées fortes et profondes devant lesquelles le pauvre adversaire est bien petit garçon : l'adversaire je veux dire l'éclectisme. Je n'ai point reçu de N° de la *Bibliothèque Universelle*, ce que je constate, non pour réclamation, car je serais désolé de vous causer le moindre tracas et je saurais peut-être bien trouver ici quelque part le N° en question, mais parce que vous m'annonciez l'envoi.

Vous voulez bien me consulter sur l'ordre à suivre dans la lecture de mes choses. Je crois que pour vous l'ordre de publication qui est celui de l'abstrait au concret, sera toujours bon. Seulement je vous signalerai dans le *second Essai* les chapitres sur Dieu et l'immortalité pour développement ou correction des thèses négatives du *premier*, et dans le *troisième* le chapitre sur le fond de la nature (chap. 4) et les deux précédents pour éclaircissement du point de vue définitif où me conduisent les thèses de méthode pure touchant la réduction de l'être au phénomène. Enfin le *quatrième Essai* et la *Morale* appartiennent à une autre série : la série morale et historique. Il me serait bien précieux de connaître votre impression générale sur mon dernier ouvrage, où je crois sentir quelque originalité, non pas s'il plaît à Dieu de la mauvaise, mais je ne voudrais pas non plus interrompre la marche que vous avez commencé de suivre et je suis confus autant que charmé de la quantité de temps que vous parlez de me consacrer. Combien je déplore que vous n'ayez pas la même liberté que moi pour vous livrer à la philosophie. Mais aussi quelle compensation que la bénédiction de la maison ! Et vous l'avez.

C'est bien le moins que je fasse de mon mieux pour atténuer la peine toujours grande que vous voulez prendre avec moi, celle de pénétrer la pensée d'autrui sur des sujets difficiles. Commençons si vous le voulez bien par mettre de côté la question de l'existence de Dieu, de Dieu, c'est-à-dire ici d'une personne moralement parfaite et très puissante, auteur de ma nature, inspirateur de certaines de mes pensées, ordonnateur des conditions de ma vie et de la vie des êtres qui m'entourent; je déclare en conscience n'avoir rien écrit qui me parût contraire à la foi en Dieu, pris en ce sens. Loin de là, je crois avoir travaillé à détruire les dogmes philosophiques où se trouvent selon moi (un peu selon vous aussi?) les plus mortels empêchements à cette foi, la digne foi anthropomorphique des véritables hommes de religion depuis les patriarches. Croyez-bien que je dis

ceci fort gravement et sans ombre de dédain dissimulé. Mais je fais
de la philosophie ou, si l'on veut, de la *métaphysique*, quoiqu'en
partie négative. Alors je rencontre un Dieu non seulement différent
mais contradictoire à mon avis avec le précédent et avec lui-même
par les attributs qu'on lui donne : le Dieu des théologiens. Je voudrais pouvoir en débarrasser la philosophie, et je croirais que la
religion n'aurait guère moins à gagner à cette délivrance. Je mets
peu de différence logique entre les doctrines des indous, des alexan-
drins, de Parménide, de saint Thomas, de D. Scot lui-même, de
Spinoza, de Hegel et de nos séminaires : les contradictions inhérentes
à ces doctrines sont seulement avouées ou désavouées en différentes
mesures...

Je conçois très bien que l'on veuille toujours poser une actualité
éternelle pour expliquer les temporelles. Mais j'examine et je trouve
que l'éternité *a parte ante*, si elle admet une variété nombrable, ne
fût-ce que de pensée, dans son sujet, implique l'infini numérique
effectué, donc contradiction; si elle n'admet point de telle variété,
nous avons le *sphæros* de Xénophane : à quoi peut-il nous servir?
nous n'en tirerons ni le monde, ni rien pour le monde. Je réclame
votre indulgence pour des points imparfaitement accusés dans ce
paragraphe.

Mais vous n'êtes pas loin de m'accorder cela si je comprends bien.
Alors un mot encore et je me mets à mon tour sur la défensive. Ce
mot c'est qu'en acceptant le Dieu commun de la philosophie et de la
théologie vous acceptez le Dieu du panthéisme. Sur le terrain des
idées de l'éternel et de l'infini, les philosophes qui nient la personnalité divine et humaine sont plus forts que ceux qui veulent y croire,
car les premiers rencontrent une grande difficulté de moins. C'est ce
que l'histoire des idées fait assez voir ce me semble. Le Dieu personnel a toujours été un intrus dans la grande spéculation et *toute philosophie*, comme le disait Jacobi, va au panthéisme.

Me voici sur la défensive : j'ai deux grandes raisons pour choisir
comme je fais entre le non-compréhensible et le contradictoire que
j'appelle plutôt inintelligible. 1° Si je n'accepte pas la contradiction,
ce n'est pas précisément que *mon esprit s'y refuse*. Mon esprit est de
même étoffe que celui de Hegel et ne se refuse à rien du tout quand
je veux. Mais c'est que je veux faire usage de ma raison dans les
choses pour lesquelles elle me semble faite. Or si j'accepte la contradiction, pouvant l'éviter, tout prend chez moi une assiette fausse.

Je ne sais plus bien pour quels motifs je n'embrasserais pas le scepticisme rationnel absolu, puis des mystères et folies, religieux ou autres, auxquels on n'a pas toujours tant à reprocher que la contradiction intrinsèque... Enfin je prends ce point là pour appuyer mon levier, comme vous voulez bien le dire, et l'autorité réelle est aussi pour moi dans cette certitude personnelle que j'embrasse résolument. 2° C'est que mon non-compréhensible est une limite et non pas quelque chose de compris. Mon attitude est de critique en cela, non de dogmatique ; je reste en dehors, je dis que toute réalité (selon ma connaissance) est finie dans le temps et dans l'espace; je dis que ce qui est vrai de chaque réalité est vrai de toutes ensemble : pure logique; cela peut se démontrer. Je dis particulièrement que tout a commencé. Je dis aussi que je ne comprends pas ce qui est vrai, savoir que tout a commencé. Eh! sans doute, comment le comprendrais-je? Alors cela ne serait pas vrai. Il faudrait me soustraire aux conditions de la connaissance, lesquelles m'astreignent à demeurer dans l'enceinte des relations intérieures d'antécédent à conséquent en tous genres; il faudrait dépasser cela même que je pose comme limite, savoir le premier commencement; et je dis que c'est une limite. Vous voulez qu'au delà de cette limite il y ait un absolu, un pur inconditionné. Soit à présent. Qu'en ferez-vous? Je vous refuse le droit de le définir par les catégories de l'entendement. Alors vous poserez ces mêmes catégories en les affirmant et les niant tout ensemble (n'est-ce pas bien cela?). Je préfère avouer tout simplement qu'au delà de la connaissance, il y a l'inconnu essentiel. L'inconnu! définition bien pauvre pour être une définition suffisante et adéquate de ce que les hommes appellent Dieu !

Il me resterait à répondre au grand argument du bout de l'espace et du bout du temps : le bâton d'Épicure. Je le fais simplement : il y a dans l'espace deux éléments : une intuition, une relation *sui generis* envisagée entre les sujets soumis à cette intuition de la part de l'un d'eux. L'intuition suit partout son sujet : en ce sens il n'y a pas de bout de l'espace, l'espace ira partout où iront l'intuition pure et l'imagination proprement dite. La relation de son côté est envisagée entre des termes objectifs partout où il en est de tels. Où il n'y en a pas, elle n'est pas. Dans tout cela rien d'objectivement infini; une possibilité indéfinie seulement. (Voir *1er Essai*, p. 290, 291, 295) (puisque vous voulez bien me permettre de ces renvois).

J'ai à vous faire mille excuses d'être si long. Je n'oserais pas l'être autant sur la deuxième question, celle cependant où vous entrez le plus malaisément dans ma pensée. Je vais tâcher de l'éclaircir en distinguant pour ainsi dire trois moments dans la marche de mes trois volumes. *Premier moment* : méthode pure, abstraction complète, procédé scientifique, s'il se peut et si je réussis. Sous ce point de vue je trouve que je ne peux définir l'être que par la *relation*, la *fonction* (au sens mathématique du mot), la *loi*. Quoique ce point de vue doive se particulariser plus tard, je dis toujours très naïvement que je ne conçois dans un être que ce que Leibniz appelait les *phénomènes réglés* (assemblés et réglés). Le reste, si reste il y a, échappe. Vous m'objectez l'emploi que je fais du sens vulgaire d'*être* et de *substance*. C'est alors que je parle ma langue, une langue humaine et que je me sers de métaphores inévitablement suggérées par l'imagination. Au reste, il y a un sens relatif du mot substance, que j'accepte : c'est le groupe du sujet défini par divers prédicats et auquel on ajoute ou retranche par la pensée la *note* d'un prédicat particulier. *Second moment* : celui où, traitant le problème de la certitude et ensuite, j'affirme volontairement l'existence réelle externe d'êtres semblables à moi ou différents, mais particulièrement de ceux qui me sont semblables; et où je reconnais à ces *groupes de phénomènes* des caractères, tant de constance que de développement qui leur constituent des destinées physiques et morales, et où enfin j'ouvre la porte à plusieurs hypothèses (dont les vraisemblances sont à rechercher) parmi lesquelles est l'hypothèse des âmes en divers sens excepté le sens de la substance soliveau, le seul décidément antiscientifique. *Troisième moment* : le fond de la nature, la question des êtres ou forces naturelles élémentaires. J'aboutis alors pour concilier la méthode idéaliste avec l'existence réelle des corps à une sorte de monadisme, mais grandement modifié par la négation de l'infinité, de la continuité et de la solidarité et débarrassé de ce *plein de matière* (et de ces substances au fond éternelles grosses d'une infinité de modifications) que Leibniz voulait passionnément conserver. Je trouve un ferme appui pour cette partie de mes thèses dans les tendances actuelles et très manifestes des sciences physiques et des mathématiques appliquées. Je suis un peu de l'avis de Ravaisson et à mes yeux l'idéalisme sortant des sciences de la matière est incessamment appelé à faire une grande rentrée en philosophie. M. Pidoux disait aussi dernièrement quelque chose de semblable dans un rapport à l'Académie de médecine.

Voilà, cher Monsieur, me pardonnerez-vous ce *cher* en raison de
sa spontanéité sincère et au sortir d'une espèce d'argumentation
pleine de sympathie de ma part et non d'esprit cavillatoire? (Quelques heures passées avec vous sur ce papier, jointes à tous mes
sentiments antérieurs m'ont inspiré cette familiarité malséante et
que je voudrais maintenant vous communiquer), voilà ce que j'ai
trouvé à jeter dans le petit abîme qui sépare toujours un esprit d'un
autre esprit. Je voudrais bien du moins n'avoir pas été d'une briè-
veté trop obscure ni matériellement trop long.

J'ai mis à la boîte vos deux lettres après les avoir lues comme
vous m'y autorisiez, et j'ai suivi avec beaucoup d'intérêt vos deux
aimables polémiques avec ces messieurs du péripatétisme. En fait
de doctrines ils pouvaient plus mal choisir, mais que je voudrais
leur voir méditer le chap. IX de *peri hermeneias*, dût le XII° Livre de
la Métaphysique en souffrir. Je ne m'explique pas que M. Lachelier
soutienne contre vous une thèse criticiste. Quel est ce mystère?

Quelle est cette *revue* de M. de Rémusat en 1867 ou 8 où vous me
signalez une injuste appréciation? Ai-je bien lu? s'agit-il de la *Revue
des Deux Mondes*? je rechercherai le N°. Il ne tiendra pas du moins à
ma bonne volonté que la *plaisante* réparation n'ait lieu, plaisante en
effet pour le public, pas tant qu'il semble au fond. Certes je hais, le
mot n'est pas de trop, la religion comme établissement politique.
Mais pour cette raison même et pour quelques autres, j'ai une vraie
sympathie pour les églises protestantes modernes et je trouve presque tous mes contemporains bien aveugles. C'est une question de
salut pour les races latines. Et malheureusement les sentiments
catholiques règnent jusque sur les cœurs des ennemis affichés du
catholicisme.

Agréez l'assurance de mes sentiments bien dévoués.

C. RENOUVIER.

Pourriez-vous me dire qui est, de quelle nation est M. Funck
Brentano, auteur d'un livre intitulé : *Les Sciences humaines. La
philosophie*, où je trouve du mérite? (paru l'année dernière).

VII. — *M. Renouvier à M. Secrétan.*

Paris, 21/2 69.

Monsieur,

Un peu le travail pressé que je fais pour *l'Année Philosophique*, et auquel je me suis acharné depuis deux semaines, un peu la crainte de trop prendre sur votre temps ont retenu ma réponse jusqu'aujourd'hui. J'ai été très ravi, très heureux de voir mon espérance si bien confirmée : l'espérance où j'étais que vous sentiriez à la lecture de mes ouvrages ce que j'ai senti à la lecture des vôtres, que nous sommes en sympathie bien plus profondément qu'en désaccord. Ce qui nous divise me paraît de plus en plus d'après vos lettres, et je voudrais qu'il vous parût, d'après les miennes, être une affaire, comment dirai-je? de scolastique. — J'ai reçu les Nos de la *Bibliothèque Universelle* et je vous en remercie vivement. Ce que vous dites de moi d'après M. Ravaisson m'a surpris en ce que votre intelligence y dépasse fort les renseignements que vous aviez alors. Il y a aussi un éloge auquel je suis très sensible : *philosophe de corps et d'âme.* Je le mérite un peu et le prends tout à fait en bonne part. Les points d'interprétation que je voudrais rectifier, il serait je crois inutile à présent de vous les signaler. J'ai réservé le second article (N° de novembre) pour le lire avec soin au moment d'entamer la partie de mon travail qui concerne les philosophes non panthéistes de notre temps, et c'est à présent même. Sur ce que j'ai pénétré jusqu'ici de vos pensées je ne peux pourtant pas vous promettre de ne trouver en vous ni traces ni semences de *panthéisme.* Serai-je devenu semblable à ce jésuite, dont le nom m'échappe, qui ne voyait partout que *athées?* Et dans le fait c'est encore une de mes dispositions d'esprit de trouver qu'on n'avait pas tellement tort autrefois de regarder le panthéisme comme une espèce d'athéisme. Si saint Thomas n'avait cru à Celui qui est assis à la droite du Père, et qui est une vraie personne, celui-là, je ne serais pas éloigné de regarder saint Thomas comme un athée...

Avant de consentir à la peine que vous m'offrez de prendre pour me procurer la lecture du t. II de la *Philosophie de la Liberté* je verrai s'il n'y aurait pas moyen d'en trouver encore un exemplaire à la librairie romande. Au reste, il me semble que j'ai tous les éléments nécessaires pour ne pas me tromper gravement et ne rien être exposé à omettre de trop important.

Vous avez trois fois raison de ne désirer pas que nous entrions en polémique réglée. Puisque vous voulez bien me faire l'honneur de me lire avec tant d'attention je n'ai rien à demander. D'ailleurs la vérité fait son chemin en chacun de nous hommes de bonne volonté et l'expérience a mille fois montré le peu que valent les *ergo* pour modifier des assiettes de l'âme ou pour décider de nouvelles directions.

J'oserai seulement écrire ici quelques réflexions à propos et non pas contre des passages de votre excellente lettre.

La liberté, me dites-vous, à laquelle vous sacrifiez l'unité et l'infini — l'unité, oui en ce qui est incompatible avec la liberté; l'infini, oui, mais de quantum seulement, et qu'importe le quantum à la perfection, à l'absolu d'accomplissement, au τελειον? Ce que j'ai contre l'amour? — mais qu'il n'est pas une règle et ne peut pas être un précepte, une obligation — que nous n'en sommes pas dignes, qu'il nous faut être *justes premièrement*, comme a dit ce pauvre Rousseau — [je rectifie en relisant, car je crois qu'il a dit *soyons bons premièrement* mais il fallait dire *justes*][1] — que les hommes se sont adressés à l'amour après avoir manqué premièrement la justice.

La doctrine de la souveraine liberté; *critique* plutôt que dogmatique... — Critique en effet en la séparant de tout verbe infini antérieur à la création. Alors elle coïncide, logiquement parlant, avec mon commencement absolu. Religieusement parlant je dirai, si j'ai cette foi, que dès le commencement tous les êtres ont un Père, un seul Père, et qui les veut libres. Cela ne m'enseignera rien en philosophie sur la question du *quid antea* et du *quare quid*.

Manifestation positive de ce qui n'a ni substance ni personne mais absolue liberté — dans cette formule observons que le *ce qui* reste sans autre prédicat que l'absolue liberté indéterminée de toutes manières.

Panthéisme, l'assujétir et non l'éliminer — je crois bien qu'on ne l'assujétit pas; et M. Grondat (*Philosophie de la Révélation*, livre de théologie catholique que je vous signale peut-être le premier) montre très bien à mon sens que la doctrine du verbe antérieur est le panthéisme même. Or cette doctrine semble bien avoir voulu assujétir le panthéisme sans l'éliminer.

1. Les mots entre tirets sont en marge dans le texte.

Je vois partout des influences réciproques et je ne crois pas aux substances séparées. Mais posons mieux la question : ne voyez-vous pas des puissances RÉELLEMENT ambiguës avant l'acte. Les êtres prédonnés où siègent ces puissances-là sont *séparés* par elles, en un sens clair et positif de ce mot *séparé*.

Si tout a commencé, avant *rien n'était, rien était...* — voici un passage de mon Funck Brentano qui en a de bons et de profonds : Nous ne pouvons songer à *nier* ni à *penser* ce qui ne nous est donné en aucune manière. Ainsi quand nous disons qu'antérieurement à la création il n'y avait rien, ce n'est qu'un abus de mots et de fonctions que nous commettons attendu que ce rien pour être logiquement conclu devrait être postérieur à quelque chose d'existant, etc. [Au reste : *rien n'était* est une négation sous condition. *Rien était* est l'énoncé d'une contradiction dans les termes et je ne vois point comment cet énoncé se substituerait logiquement au premier [1].]

Il peut y avoir une éternité autre que notre succession... si la mémoire... si la prévision... — il me semble qu'on a beau faire, on ne pense *rien* quand on pense une pensée qui n'est ni la pensée permanente d'un système invariable d'objets, ni la pensée successive d'objets variables (je prends les *objets subjectivement* pour bien concentrer ma thèse). Or la première pensée n'est pas la *vie* de la pensée, et Dieu est un Dieu vivant, dit-on. La seconde pensée entrerait dans le type de l'éternité dite *successive*, mais, *a parte ante*, elle implique, à cause du quantum infini des idées multipliées ou répétées avant la dernière [2]. — La pensée immuable de l'objet immuable, je ne saurais non plus la concevoir que comme un acte identique indéfiniment répété. La suppression du temps me confond; et quand je vois des hommes comme M. Hirn ou M. Cournot y arriver, je ne suis pas édifié autrement que pour faire cette remarque que nous

1. Les mots entre tirets sont en marge dans le texte.
2. Il me vient l'idée de compléter la logique de ma remarque en complétant mon dilemme. C'est un quadrilemme qu'il faut ici, en toute rigueur. Les deux hypothèses qui restent à prendre en considération sont celles-ci : la pensée permanente d'un système successif d'objets : c'est l'éternité simultanée de Boèce et je la crois parfaitement contradictoire. Enfin la pensée successive d'un système permanent d'objets (subjectivement considérés, toujours); ici la contradiction serait avouée de tous, mais aussi la spéculation n'a aucun intérêt à s'y engager, c'est cependant la situation faite à l'homme dans la supposition de l'éternité simultanée si c'est Dieu qui voit les choses comme elles sont. (Grâce pour le défaut de précision de quelques termes peut-être. Je vous signale la division comme utile et vous la formulerez mieux si vous voulez.)

sommes plus brahmanes que nous ne pensons, et je me prends de sympathie pour les vieux juifs anthropomorphistes.

Il me reste, Monsieur, à m'excuser très sérieusement de vous avoir de nouveau soumis des pattes de mouche de métaphysique. Voyez-y, je vous prie, un nouveau témoignage de la sympathie extraordinaire qui me pousse à tenter une sorte de compénétration mutuelle de nos manières de penser. Adieu, je vous souhaite santé — et loisir aussi s'il se pouvait, pour vous d'abord, puis pour moi, c'est-à-dire pour votre correspondance. Je déplore amèrement qu'un penseur de votre force soit obligé de donner des leçons particulières et je voudrais que vous pussiez n'être comme moi qu'un philosophe de *corps et d'âme*.

Votre bien dévoué,   C. RENOUVIER.

P.-S. Préparez-vous cependant une 2e édition de votre second volume, et avez-vous un libraire bien disposé?

VIII. — *M. Secrétan à M. Renouvier.*

Bergières, sur Lausanne, le 17 mars 1869.

Monsieur.

J'ai terminé hier un premier article sur la Critique générale, commencement d'une série sur la Philosophie critique dans l'Empire français, qui paraîtra je ne sais où, dans la *Bibliothèque Universelle* [1] ou dans la *Revue Chrétienne de Paris*, probablement dans celle-ci, plus indulgente à mes longueurs. Je ne suis point content de ce commencement. Ces volumes, où je me suis attaché avec une jouissance passionnée, ne sont plus dans mon esprit; l'unité que je croyais en avoir si bien saisie, m'échappe et m'oblige à tout recommencer. Mon premier article ne va pas plus loin que le premier volume, les catégories et la loi du fini. Il débute par une page sur la critique en général et par quatre ou cinq sur Kant, terme de comparaison.

Vous me trouverez très impertinent, mais vous m'excuserez en songeant à la nécessité d'être tranchant quand on ne peut pas s'arrêter, et de réveiller le lecteur par quelques mots vifs, quand les matières sont si difficiles. Au fond vous trouverez mes lettres. Vous

1. La philosophie critique en France et M. Charles Renouvier, *Bibliothèque Universelle*, septembre et octobre 1869.

sentirez aussi comment, auprès d'un public exclusivement théiste et généralement orthodoxe, j'avais besoin de tomber sur votre métaphysique pour faire pardonner et partager mon admiration pour votre philosophie morale.

J'étais sûr que vous ne trouveriez mon 2ᵉ volume nulle part, mais je n'ai pas donné d'instruction précise pour vous l'apporter, puisque vous pensiez n'en avoir pas besoin. Cependant j'aimerais que vous le lussiez quand vous aurez un peu plus de loisir, et je prierai M. Hollard, votre voisin et mon ami, rue Madame, de vous l'apporter. C'est un excellent et charmant jeune père, tout théologien qu'il soit, pasteur d'une chapelle séparée et directeur d'un Bulletin théologique à quatre Nᵒˢ par an. Pour mon volume vous le trouverez détestable comme philosophie, ou plutôt vous lui refuserez absolument ce nom; mais peut-être le jugerez-vous plus favorablement au point de vue pratique, comme tentative de s'expliquer le christianisme de manière à y trouver (à en faire?) une doctrine conforme aux besoins de la conscience morale et de la société libre. Quoi qu'il en soit, c'est bien ce que j'ai écrit avec le plus d'amour et aussi ce qui a été le moins négligé du public.

Je songe bien à réimprimer ce volume, mais je ne peux le faire qu'avec une préface qui marque précisément comment je comprends maintenant le rapport d'un travail de ce genre avec la science et c'est une grande difficulté. Ensuite je n'ai pas de libraire; j'ai fait la première édition à mes frais et j'ai gagné quelque chose, pour la 2ᵉ j'ai vendu un certain nombre d'exemplaires à quelques libraires protestants de Suisse et de Paris, depuis rien, et j'ai encore du découvert. Comme métier la philosophie ne vaut pas les allumettes chimiques et les bétons agglomérés. Pourtant je n'en suis pas à donner des leçons particulières, j'en donnerais bien s'il s'en présentait, mais les huit que je fais (par semaine) sont mes trois cours de l'Académie [1]. Vous ne sauriez croire combien votre sollicitude pour ces choses personnelles m'a touché.

En métaphysique je ne réplique plus. Du moment qu'il vous faut surtout des idées claires et point de contradictions, je tirerais toujours la courte bûche.

Je veux seulement m'expliquer : la doctrine de la souveraine liberté n'a de valeur que comme limite, comme critique dans ce sens

---

1. Académie de Lausanne, transformée en Université en 1890.

que nous devons nous expliquer le monde par l'amour absolu, en vertu de l'idée de perfection constitutive de notre raison, mais que cet amour absolu ne pouvant de nature être qu'un fait, suppose une puissance antécédente laquelle j'appelle absolue liberté = inconnu, soit commencement absolu (éternel). Dieu est le fait. Sur *l'amour* au point de vue de la philosophie de l'histoire, ou plus simplement de l'histoire, je suis de votre avis plus qu'à trois quarts.

Et je crois qu'on peut le voir dans mes petits livres. Spéculativement, je crois que l'opposition de justice et d'amour ne vaut pas. Il n'y a pas de justice sans amour, vous l'avez dit vous-même, il n'y a pas non plus d'amour vrai sans justice, l'amour sans justice, l'amour sentiment *n'est pas l'amour*. L'amour c'est *la volonté que l'être soit*, l'amour c'est l'affirmation de l'être, l'amour c'est l'Être, l'amour c'est la plénitude débordant, l'amour c'est la *Création*. Et de même dans les rapports d'homme à homme. Celui que j'aime, je le veux, je le veux homme et par conséquent je le respecte ; je ne m'arrête pas devant lui comme devant une barrière à mon égoïsme. Je m'arrête parce que je la pose — Et réciproquement.

Rien était : pure chicane de mots, pure tentation insidieuse, ou affirmation agressive de ma conviction ; je passe expédient là-dessus.

Éternité qui n'est pas l'infini du temps. Je ne prétends pas la comprendre ni réfuter vos arguments ; néanmoins l'antithèse fondamentale du temps et de *l'esprit* me reste manifeste et je constate des contradictions dont il m'est encore moins possible de m'abstraire que de les résoudre. Vous dirai-je toute mon ambition, qui ne se réalisera point? Ce serait de vous faire avouer que mon point de vue serait le bon, s'il était permis à l'esprit humain de se contredire et de raisonner hors de l'expérience possible, en raison d'un but déterminé et légitime. Tout comme je suis prêt à reconnaître la supériorité du vôtre, si l'esprit consent au commencement absolu.

J'ai reçu hier une lettre de M. Lachelier, très intéressante mais qu'il faut étudier, sur notre question de la foi au monde objectif, etc.

Il me semble vous avoir beaucoup emprunté. Je serais tenté de mettre sa lettre dans la mienne, si je ne craignais l'indiscrétion de vous en imposer la lecture.

Voici quelques mois que je ne vous quitte pas un moment, pour

ainsi dire, et j'y trouve un plaisir singulier. Le saurai-je faire partager?

Quoi qu'il en soit, je reste bien tout à vous.

CH. SECRÉTAN.

IX. — M. Renouvier à M. Secrétan.

La Verdette, près le Pontet par Avignon, 13/4 69.

Monsieur,

Que de choses je voudrais vous dire, qui se pressent dans mon
esprit chaque fois que je reprends vos lettres si nourries, où chaque
mot fait penser; il faut cependant se borner à marquer des points en
passant, et séparés les uns des autres. Ma réponse a été retardée
cette fois par une indisposition, ensuite par les petits tracas ou
affaires d'un départ. Me voici à la campagne pour longtemps selon
toute apparence. Je me suis bien félicité d'avoir eu le temps, oh!
bien juste, mais le temps de lire avant de partir votre 2ᵉ volume que
M. Hollard a eu l'extrême bonté de m'apporter lui-même et que j'ai
été forcé de lui faire rendre, sans avoir le plaisir de l'aller remercier
de vive voix, non plus que de donner une suite aux quelques mots
de théologie philosophique échangés le jour de sa visite. Veuillez lui
dire, puisque vous correspondez avec lui, combien j'en ai eu de
regrets, et lui demander s'il a reçu le volume que j'ai laissé commission à quelqu'un de reporter rue Madame? J'ai donc lu ce complé-
ment développé de certaines de vos pensées. Il me manquait en
vérité plus que je ne l'avais supposé; cependant les pages, déjà
imprimées alors, qui vous concernent dans mon article de l'*Année*,
n'ont point à en être modifiées. Je me serais seulement étendu sur
certain sujet un peu davantage. Ce sera pour une autre occasion. Il
faut vous dire maintenant ce que je pense de cette partie de votre
ouvrage. J'en ai été vivement frappé pour le talent et pour l'étendue
du système, touché pour tant de sentiments nobles et généreux que
je ne puis que partager; j'ai été étonné qu'une construction aussi
complète et imposante n'ait pas eu plus de retentissement, d'autant
plus que vos idées ne sont pas après tout si contraires qu'on le croi-
rait au courant général de la spéculation, et même de notre époque;
j'ai admiré la force et l'excellement bien dit de tant de vos formules,
acceptables ou non qu'elles fussent pour moi; et avec tout cela je
dois avouer que mon admiration a été à tout moment combattue par

cette sorte de répulsion que j'éprouve en présence des doctrines d'unité de l'être. Puis cette répulsion même, analogue à celle que me cause la théologie du Bagavatapourana, par exemple, cédait à des attraits d'un autre genre. En cherchant à me rendre compte ou de ce qui manque d'éclaircissements, ou plutôt de ce qui m'échappait dans une lecture trop rapide, j'ai prononcé dans ma pensée le mot *métempsychose*, et je n'ai pas été surpris de le retrouver ces jours-ci dans l'article Rémusat (N° de la *Revue des Deux Mondes*, resté ici avec tous mes livres). Je n'estime pas moins le susdit article ridiculement écourté et plein de bévues en ce qui vous concerne.

Enfin, que vous dirai-je, je me sens obligé de classer *in petto* votre doctrine parmi les doctrines panthéistes sur un point, mais je ne sais pas s'il faut dire essentiel, puisque votre unité crée des unités aussi, c'est-à-dire réellement libres, et n'est elle-même que liberté avant d'être sujet substantiel. Ce sont différences capitales.

J'ai reçu également avant de quitter Paris votre discours à la séance de l'Académie de Lausanne. Merci de l'envoi, j'y ai trouvé des traits historiques de votre carrière de professeur, et je l'ai lu avec le même intérêt que tout ce que vous m'avez donné. La conclusion : que le christianisme est un objet d'études, un problème et non point une autorité... que *notre pensée* ne relève d'aucune autorité quelconque, vous met assurément, par la méthode, qui en tout est le principal, dans le protestantisme le plus libéral qui soit possible. Si après cela vous êtes orthodoxe en ceci ou cela, c'est que *votre raison se reconnaît* dans ce point d'orthodoxie. C'est bien tout ce qu'on peut demander. Mais comment la raison se peut-elle reconnaître dans la partie mythique et dans la partie légendaire de la christologie? il ne suffit pas pour justifier de cela, de construire un système; mais ce système doit être : 1° rationnellement déterminé à une solution unique, sans hypothèses ad libitum; 2° d'accord avec la critique historique ou celles de ses parties qui entrent dans le domaine des faits empiriques. Hors de là je ne dis pas qu'il n'y ait rien, loin de moi cette pensée, mais je dis qu'il y a des religions, des églises, et non une philosophie.

Je continue à vous être infiniment reconnaissant pour le soin et le scrupule que vous apportez dans la lecture des *Essais*. Vous me comblez. Je n'ai pas eu, je n'aurai peut-être jamais d'autre lecteur tel que vous, et pour cela seul, je me trouve amplement récompensé de ma peine. — Vous êtes trop bon de m'avertir de ne pas compter, pour l'article que vous préparez, sur des manifestations de bienveillance qui appartiennent à l'amabilité et charité des relations privées. Le ton *tranchant* doit accompagner nécessairement les affirmations libellées pour le lecteur. J'ai besoin d'ailleurs de vous offrir la même excuse au sujet de ce que vous lirez dans l'*Année*. Nous sommes obligés en écrivant des articles de critique, et montés comme de raison au sommet de nos convictions propres, d'assumer des rôles de juges. On demeure modeste dans le fond, j'ose croire que je demeure modeste, si ce n'est pas être orgueilleux que de dire cela. — Au reste, je n'ai pu m'étendre autant que je l'aurais voulu; vous verrez de combien de philosophies et de philosophes je parle pour traiter mon sujet ! Mais j'espère avoir pu témoigner au moins l'estime très particulière que vos travaux m'inspirent. — J'ai consacré en outre de petits articles bibliographiques au *Cousin* et au *Précis.*

En métaphysique : je trouve çà et là dans vos livres de si intéressantes formules qui vont à l'idée de pur commencement, que je vous crois obligé de dire que Dieu, par sa face regardant la créature, commence en voulant et créant, commence dis-je, à être ce que nous appelons être, commence purement avec le temps. Par sa face qui regarde à soi, ou avant ce commencement de l'être, dans ce que vous appelez *inconnu* et *commencement absolu* (*éternel*), Dieu n'est, quant à nous et à notre connaissance, que limite, il n'en faut donc rien dire. En n'en disant rien nous évitons de nous contredire. — Ne serions-nous pas alors bien près de nous entendre? — La contradiction ne vous répugne pas assez. Pensez donc si nous admettons la contradiction, des systèmes analogues à ceux de G. Bruno et de Hegel sont fort acceptables, sauf amendement que chacun proposera. Et quels dogmes, ne deviendront pas possibles, où sera la barrière? Nous pourrions dire avec tant de grands docteurs, que des actes sont parfaitement libres, tout en étant compris individuellement et déterminément dans les moments d'une loi éternelle. Nous retirerons à volonté d'une main ce que nous aurons donné de l'autre. Par quel critère nous sera-t-il permis de discerner entre les contradictions *in objecto* que nous accepterons et celles que nous repousserons? Cette objection me semble bien grave. Pourquoi dirais-je votre système le meilleur de tous *s'il était permis à l'esprit humain de se contredire?* Cette permission tend au contraire à rendre tolérables bien d'autres systèmes encore. Sur l'amour, notre litige paraît n'être que verbal, mais alors je comprendrais mieux votre pensée, si vous disiez que Dieu est éminemment *justice* (avec *amour*). Justice est un nom de la volonté raisonnable et de la raison même. La mathématique universelle, la loi physique sont justice d'ordre matériel, la logique est justice d'ordre formel en tout. Enfin ce grand nom s'universalise comme l'esprit. Mais l'amour! C'est la passion, le désir d'union, etc. Je vois bien et j'ai toujours admis que justice n'est pas sans amour. Mais amour peut être sans justice, tout le monde l'entend ainsi. Qu'ensuite il soit juste aussi, c'est précepte et non pas nature.

Assurément j'aurais lu avec grand plaisir et profit la lettre de M. Lachelier. Je ne crains que d'être indiscret en vous donnant la peine de me faire de ces communications.

Croyez bien, Monsieur, à mes sentiments les plus dévoués.

C. RENOUVIER.

P.-S. Je me suis abonné dernièrement à deux publications de chez vous, la Revue *Théologie et Philosophie* de M. Dandiran et la petite feuille de M. Buisson à Neufchâtel. N'auriez-vous pas quelque autre recueil à me recommander à titre de renseignement? Mais il me faut malheureusement la langue française. Je ne peux lire hors cela qu'un peu d'anglais et d'italien.

Mon adresse est en tête de la lettre.

X. — *M. Secrétan à M. Renouvier.*

Berne, le 15 juillet 1869.

Est-il possible, Monsieur, que j'aie laissé passer trois mois entiers sans répondre à votre lettre de la *Verdette*, quinze jours sans vous remercier de votre envoi et de vos comptes rendus si intéressants, si substantiels et si bienveillants? L'effort que j'ai fait au commencement pour vaincre mon impulsion n'explique pas un tel retard. Il y faut joindre une grippe tenace, maligne et ensuite des travaux d'urgence faits dans mes sottes conditions de santé. Une lettre, pour moi, ce n'est pas nécessairement un jour, mais une chose impossible après le travail du jour, qui ne peut durer que quelques heures. Je ne m'excuse pas de ce dont vous profitez, mais je ne veux pas vous laisser douter que cette correspondance m'est d'un prix immense et compense avantageusement tout un nuage de contrariétés.

La grippe m'a arrêté net dans l'élaboration de mes articles, interrompus à la fin de l'analyse du 2e *Essai*, soit de l'influence de la liberté sur nos jugements, où je me reconnais votre disciple. Je vais m'y remettre pour tout de bon dans quinze jours après trois ou quatre jours encore d'un repos nécessaire et une corvée d'examens que je redoute horriblement. L'ouvrage qui est venu à la traverse après la grippe, a pour occasion l'article Janet, *versus* Guizot dans la *Revue des Deux Mondes*. Je reviens donc sur les points les plus contestés de mon système. J'ai essayé de distinguer bien, suivant votre conseil, ce qui est Philosophie de ce qui est croyance historique, et dans la manière dont je traite cette dernière je crois me tenir dans les limites de la critique et de la raison. Ce sera peut-être trop rationaliste pour le rédacteur de la *Revue Chrétienne*, pourtant la forme seule diffère de ce que j'ai dit ailleurs. Vous trouveriez là toute ma pensée sur le réalisme ou Panthéisme humanitaire qu'on me reproche, et qui me paraît plus qu'induction et théorie, mais point de fait, vérité de fait, ou peu s'en faut. — Vous y trouveriez aussi ma pensée sur la contradiction et sur la méthode telle qu'elle s'éclaircit peu à peu sous l'influence de vos objections. Je n'entends pas qu'on puisse accepter les contradictions purement et simplement. Les contradictions qui ne sont pas nécessaires, comme celle des futurs indécis et de la prescience divine, il faut les repousser, car ce qui oblige à affirmer cette prescience, c'est l'opinion conservée qu'il n'y a pas de tels futurs. Les contradictions dont les termes sont nécessaires, s'il en est de telles, se ramènent sans doute à constater une lacune dans notre connaissance effective ou dans notre connaissance possible, c'est une idée limite. Peut-on n'en rien dire, comme vous l'exigez? C'est une question que nous discuterons encore ensemble quand ma critique de votre système aura paru. Je n'ai pas ma propre théologie spéculative assez présente pour me défendre contre vos censures imprimées, dont il y aura sans doute de très fondées. Je dis bien, comme vous me l'imposez, que Dieu commence avec la création, mais que, ne pouvant entendre ce qu'il est en lui-même, on puisse supposer, enseigner qu'il n'est rien en lui-même, qu'il n'y a rien (mieux, qu'on ne doit rien mettre) derrière le commencement, voilà ce que je n'accepte pas encore. Je m'en tiens donc à ceci : les contradictions réellement irréductibles marquent la limite de notre entendement. Mais après avoir accordé à l'ancienne logique ce point, qui est le tout, j'en reviens à penser avec Cusa,

avec Bruno, avec Kant, avec Fichte, Hegel, etc., etc., que le concret
se forme par l'assemblage des oppositions et que l'esprit humain
d'abord sollicité de se prononcer entre une thèse et une autre thèse
également abstraites et fausses, trouve la vérité (relative) dans la
synthèse. Si la Trinité n'est pas de bonne théologie, elle est au
moins d'excellente logique et Hegel n'est pas le premier qui ait proposé la logique à nos adorations.

J'ai été heureux de constater que sous les noms de justice et
d'amour nous entendons la même idée morale, considérée seulement
de préférence sous l'aspect positif ou sous l'aspect négatif. J'ai été
heureux surtout que vous l'ayez reconnu. Quant au choix de
l'expression, que vous critiquez, elle n'a rien d'affecté, rien de voulu,
elle se présente la première à l'esprit, à l'oreille plutôt, formée par
l'éducation religieuse protestante, tandis qu'elle doit choquer celle
qui aurait l'habitude toute passive d'entendre parler d'amour au sens
des romans et surtout des romans français. Mais le sentiment, isolé,
n'est qu'un mobile, le motif serait le désir, le désir de se procurer la
jouissance de ce sentiment, ce serait un motif égoïste.

Je ne vous parle point encore aujourd'hui de votre dissertation
dont le commencement m'a paru admirable, mais que je ne puis pas
achever maintenant. Je ne vous ai rien dit de votre grande Morale,
parce que je ne veux point éventer le parfum de mon admiration
avant d'avoir écrit ce que j'en dois écrire. J'ai tout lu depuis
longtemps, mais ce sera à recommencer et j'en suis bien aise. Plus
j'étudie vos ouvrages, plus je me sens en sympathie avec eux, mais
plus aussi je me renforce dans l'idée qu'il y a ici comme ailleurs
une résultante à trouver et que là est la vérité.

J'ai déjà commencé à vous piller sur trois points au moins : la distinction entre la science et la philosophie (où j'étais d'avance à
trois quarts converti) comme on voit par la *Méthode* et l'*Essai sur le
Positivisme*. 2° Le rôle du libre arbitre dans l'adoption des croyances,
doctrine qui précise et éclaircit excellemment la première, enfin la
distinction du droit de la paix et du droit de la guerre en morale,
dont j'avais aussi une sorte d'équivalent, mais bien moins clair. Il
me semble qu'à certains égards mon résumé critique dans la *Philosophie de la Liberté* prélude à votre *Essai* d'aujourd'hui, qui est
infiniment plus complet, qui arrive aux contemporains et qui pourtant repose sur une étude directe tout autrement complète et solide.
J'ai le sentiment que ce dernier *Essai* va révolutionner un peu mon

Cours d'Histoire de la Philosophie. Il est urgent que j'achève et fasse paraître mon étude de votre *Critique*, autrement cela deviendrait suspect.

Combien de fois n'ai-je pas déjà rêvé et projeté d'aller vous voir à La Verdette! Je crois que cela ne s'exécutera pas, et probablement il vaut mieux pas. Cependant je ne puis m'empêcher de vous demander combien de temps vous restez là-bas et à quelle distance vous êtes d'Avignon où je me trouve avoir des cousins et quelques connaissances? Si j'étais *vrai philosophe* comme vous me faites l'honneur de le dire au public, je me dirais que le mieux est l'ennemi du bien et que je risque fort, par l'effet de telle ou telle particularité de mon esprit ou de mon caractère que je connais trop bien, de perdre ou du moins de tempérer trop le sentiment bienveillant que vous m'accordez. Mais je ne suis point assez philosophe, point assez pur esprit pour ne pas désirer vous serrer la main. Quel événement n'est-ce pas pour moi d'avoir trouvé si tard, dans un camp opposé et presque dans une autre étoile, une pensée convergeant à la mienne (et combien plus ferme et plus complète!) quel orgueil de l'avoir sentie au premier mot et bien avant de la comprendre, quelle reconnaissance pour la peine que vous prenez de m'introduire et de me recommander malgré la différence des cocardes.

Vous voulez bien vous étonner que ce soit encore à faire. Ah! j'aurais long à vous en dire là-dessus, mais c'est un vilain chapitre. Ce petit article de M. de Rémusat[1], bouffon de parti pris, je l'avais sollicité par une longue lettre que l'aimable accueil personnel de M. de Rémusat m'avait fait risquer. C'est de ma 2e Édition de la *Philosophie de la Liberté* que je le priais de parler. Celle-ci avait, il est vrai, été déjà l'objet de deux mentions dans le même recueil : 1° de M. Saisset en 1850, deux lignes contenant une grosse perfidie, au lieu d'un compte rendu substantiel et raisonné qu'il m'avait formellement promis, ceci ou à peu près : « Un philosophe de Lausanne dans un livre riche en brillants aperçus *nous fait connaître la nouvelle philosophie de Schelling!!!* » 2° Vers 62 de M. Edmond Schérer, autrefois ami très particulier, me réfute ou me sabre en trois ou quatre lignes, *sans me nommer* autrement que : « Une philosophie issue de Schelling ». Puis l'auteur a ajouté mon nom dans une note très flatteuse *dans la reproduction de ses articles en volume*, chez

1. De la philosophie religieuse contemporaine, *Revue des Deux Mondes*, 1867, p. 701 et suiv.

Lévy. Le bon billet qu'a La Châtre. M. Paul Janet lui, à ma sollicitation pour être annoncé, a eu le bon goût de répondre qu'il n'en ferait
rien; mais cette demande venait après une démarche formelle, faite
par lui auprès de moi pour l'envoi de mes ouvrages : *quia nominor
leo*, parce que je suis dans la chaire de Moïse. Vous voyez que je suis
assez connu des gens du métier. *Ravaisson*, qui n'a rien dit de moi
dans son rapport sur la philosophie française *et anglaise*, me connaît
très bien, nous nous sommes vus à Munich chez Schelling et l'un
chez l'autre en 1839, et nous avons échangé nos livres à Paris en
1850. On n'aime pas les concurrences voilà tout. Le Paris littéraire
a ses plombs comme Venise, tout n'y est pas babylonien, allez, et
le pays se prête à l'étude des infiniment petits. Mais j'oubliais que
vous n'y croyez pas. Une question sur mon papier qui finit. Comment sans Dieu et sans le double fond de Kant, pouvez-vous conserver à la loi morale sa valeur pour ceux dont la conscience reste
muette? au nom de quoi les jugez-vous, vous? Comment la morale
ne s'éteint-elle pas dans le phénomène psychologique. Instruit là-
dessus, j'essayerais de repousser la critique ordinaire contre la
morale religieuse. Ceci n'est pas une lettre et n'appelle pas de
réponse; je vous écrirai après avoir étudié l'*Année Philosophique*.

Adieu, Monsieur, croyez-moi bien tout à vous.

CH. SECRÉTAN.

XI. — *M. Renouvier à M. Secrétan.*

La Verdette, 14/8 69.

Cher Monsieur,

J'aurais bien volontiers attendu la seconde lettre que vous avez la
bonté de me promettre après lecture achevée de l'*Année Philosophique*. Ma paresse y eût trouvé son compte, jointe au désir d'épargner à vos occupations ou tracas, accompagnés encore de mauvaise
santé, le surcroît d'ennui — peut-être — de mes pattes de mouche.
Mais vous me faites deux questions auxquelles il est urgent que je
réponde au moment où commencent les vacances. La *Verdette* est à
10' de la gare du Pontet, et celle-ci est la station la plus proche
d'Avignon en remontant le cours du Rhône. Il y a de plus un service
d'omnibus entre Avignon et le Pontet. Si vous vouliez accepter
l'hospitalité, certes bien modeste, mais indépendante, que *la Verdette* vous offre de grand cœur, vous auriez de là toutes les facilités

possibles pour visiter vos amis et parents d'Avignon. L'indépendance dont je parle a la forme d'un pavillon dont plusieurs de mes amis se sont déjà contentés, tout rustique qu'il est, et qui a le mérite de les mettre exclusivement sous leur clé. Il est situé près de la petite maison neuve que j'habite avec ma vieille femme dans un grand enclos de bosquets et de prés, et nous avons pour proche voisin et habitant des vieux bâtiments de la *Verdette* un phalanstérien comme il y en a peu, M. Ch. Bouchet Doumenq, mon ami, tellement ami que je croirais en le louant avoir le mauvais goût de me louer moi-même. Vous voilà j'espère bien renseigné. J'ajoute que je resterai très probablement ici et sauf absences accidentelles jusqu'au printemps prochain.

Comment répondre maintenant à la crainte, pour moi vraiment trop flatteuse, que vous exprimez sur l'opinion que votre personne, succédant à vos ouvrages, pourrait me donner de votre mérite? Par une crainte toute pareille, et probablement mieux fondée, tant je me sens, et pour une quantité de raisons, éloigné du type de l'homme aimable, comme moi-même je le concevrais! J'ai toujours été un silencieux et un sauvage, abondant en argumentations seulement.

Le détail que vous me donnez de vos malheurs de publicité est *navrant.* Logé à peu près à la même enseigne que vous, *la conspiration du silence,* je ne m'explique pas le fait entièrement de la même manière. Du moins je crois qu'il faut y tenir compte de l'embarras que la philosophie officielle et salariée éprouve toujours en présence de la philosophie qui philosophe et la veut forcer elle-même de philosopher. Je ne mets pas, il est vrai, Ravaisson, parmi ces impuissants et ces écoliers qui professent. [M. Scherer non plus assurément; mais M. Scherer qui se croit désabusé de tant de choses et se réfugie dans sa superbe hégélienne, ou, moins que cela, tue le temps en se livrant au délassement littéraire, n'est plus capable de l'effort qu'exige une forte lecture — j'en ai peur [1].] Aussi ne puis-je imputer qu'à oubli l'absence d'un article pour vous dans le *rapport.* Ravaisson est bienveillant, sans passion, trop, bien trop sans passion. Il eût fallu qu'il se trouvât quelqu'un pour lui dire : Vous ne pouvez pas oublier Secrétan! Y pensez-vous! Tenez, relisez donc ceci et cela : voilà les volumes que vous ne retrouvez plus dans vos

—————————

1. Les mots entre tirets, en marge.

enfers! etc., etc. Ce quelqu'un s'est trouvé pour votre serviteur : Vous ne pouvez pas oublier Renouvier!...

Combien il me tarde de connaître la critique de *ma critique* à laquelle vous travaillez! Je n'ai pas su comprendre d'après votre lettre si la *Revue Chrétienne* a déjà donné quelque chose de vous dans ces derniers temps. Ne manquez pas de me le faire savoir de suite quand cela arrivera, afin que je me procure les numéros.

Vous me demandez comment sans Dieu et le double fond de Kant je peux conserver la valeur de la loi morale pour ceux dont la conscience est muette? J'avoue ne le pouvoir pas. Au nom de quoi je les juge? Je ne les *juge* pas, je les soumets, s'il y a lieu et si cela m'est possible, à telles mesures pour ma préservation. Mais votre hypothèse ne répond que rarement à des faits tranchés. Comment font les tribunaux pour estimer sujets de la loi positive, pour *juger*, ceux dont la conscience n'est pas même sensible à la crainte, ceux qui sont trop des animaux pour être des criminels? Comment, au nom de quoi les juges selon le décalogue peuvent-ils juger ceux qui ignorent ou nient l'autorité de Moïse? — Dans les cas moyens la conscience n'est pas muette, elle parle un langage plus ou moins clair qui, tel qu'il soit, me paraît être l'unique source réelle du sens de la loi, quelque autre origine que l'on attribue en outre à l'autorité des prescriptions. Si celle-là manque, je compterai peu, quant à moi, sur cette autre; mais enfin je n'empêcherai pas qu'elle existe et soit utile à ceux qui la croient, tout en ne me flattant pas de la trouver bonne pour *conserver la valeur* de la loi morale.

Je réponds jusqu'ici à une question que vous m'adressez. Je serai moins dans mon droit, et pourtant je me laisse tenter à noircir ce reste de papier en vous soumettant quelques réflexions nées de la lecture de votre lettre.

« Rien derrière le commencement, voilà ce que je n'accepte pas encore ». *Rien derrière*, etc. Voilà ce que je n'entends pas non plus proposer [en un sens où *rien* signifierait *quelque chose qui est rien absolu et connu de moi comme tel*][1]. *Rien de déterminable sous les conditions de notre connaissance. Rien d'intelligible* voilà ce que j'exige et ce que vous accordez je crois sans en être sollicité.

... « Avec Cusa, Bruno, etc., que le concret se forme par l'assemblage des oppositions, et que l'esprit humain, obligé de se pro-

---

1. Les mots entre tirets, en marge.

noncer entre une thèse et une antithèse également abstraites et fausses, trouve la vérité relative dans la synthèse... » Je réclame ici une distinction entre les synthèses de *termes contradictoires*, tels qu'en comportent les catégories, et les synthèses qu'on voudrait former de *propositions contradictoires*. Si l'on admet de ces dernières, si l'on croit par exemple n'être pas forcé d'opter entre : Le monde a commencé. Le monde n'a pas commencé, etc., je demande qu'on me ramène aux mystères du brahmanisme, ce sont à ma connaissance les plus puissants produits de l'esprit que la contradiction n'arrête pas.

Il ne me semble pas, quand je vois les théologiens, que leur opinion touchant la prescience divine provienne de ce qu'ils ne conservent point de futurs indécis. Il me semble au contraire, qu'ils voudraient bien en conserver de tels, et souvent ils prétendent le faire. Mais ils en sont empêchés par les exigences de l'idéal d'unité absolue du penser et de l'être.

Ce n'est pas la lecture des romans, quoique fort instructive, qui m'a le plus éclairé sur les *dangers du sentiment*. Mais c'est l'histoire des religions, la vie même des Saints, le spectacle journalier de la politique des églises et de la direction ecclésiastique. Je suis frappé de la faiblesse de l'esprit de justice dans le monde religieux... Mais je n'en suis pas étonné, car le sens le plus profond des deux grandes religions du *Salut* me paraît consister en ce qu'elles ont fait un immense effort pour gagner à force d'amour, de grâce et de sacrifices le prix promis à la justice et dont l'antiquité s'était pourtant rendue outrageusement indigne. Ah! qu'il est temps que le papier manque, n'est-ce pas?

Croyez toujours à toutes et à mes plus vives sympathies

C. RENOUVIER.

XII. — *M. Secrétan à M. Renouvier.*

Bergières, sur Lausanne, 19 août 1869.

Je ne sais, Monsieur, jusqu'à quel point ma lettre datée de Berne trahissait l'extrême embarras de l'écrivain. Pressé par le devoir et la honte, j'étais retenu par un fâcheux accident : mon zèle à lire l'*Année philosophique* me l'avait fait emporter par monts et vaux si bien que mon exemplaire, doublement cher par votre nom, était perdu! Quoique l'ouvrage soit à Lausanne, où il s'en est vendu quelques volumes, j'ai dû en faire revenir un de Paris. Ce n'est que sur ce 2e exemplaire que j'ai pu voir combien vous m'avez traité amicalement, car enfin quoique parlant de moi d'une manière flatteuse et surtout fort bienveillante, bienveillante au point d'amortir l'éloge, car il est impossible de n'y pas soupçonner quelque chose de personnel, en revanche vous avez assez malmené mon bon Dieu, en choisissant l'expression douce. Mais ce qu'il y avait de positivement propre à toucher et par le sentiment inspirateur et par l'importance du service rendu, c'est de m'avoir mis à la toute belle place de votre morceau, en me laissant le soin de marquer les points qui vous séparent de Ravaisson, puisque enfin parmi les contemporains, c'est Ravaisson dont le chapitre vous importait le plus. Je suis donc beaucoup trop partial dans cette affaire pour pouvoir porter un jugement grave; et, si je vous dis que ce morceau l'*Infini*, *la Substance et la Liberté* m'a paru admirable de concentration, d'énergie, de limpidité, et sauf respect, d'un style moins technique, moins individuel, mais beaucoup plus humain que tels des grands volumes, n'en prenez que ce que vous voudrez. J'ai beaucoup admiré l'article Aristote, qui m'a positivement instruit. J'aime aussi que vous mettiez l'accent dans l'œuvre de Kant où Kant l'a mis lui-même, dans la partie positive, mais positive au sens humain, relatif, subjectif [1].

Après avoir lu votre compte rendu, je suis très honteux de mes articles où j'ai laissé des vivacités qui auraient presque l'air d'ingratitude et d'impiété. — Honteux, dis-je, et plus encore embarrassé, voici le fait : les articles sont destinés à la *Bibliothèque Universelle*. Le premier doit paraître au 1er septembre : mais l'épreuve ne m'en a pas encore été remise. Il comprend, après une introduction telle quelle sur la critique en général et sur Kant, une analyse de votre *premier Essai*.

Le deuxième article doit être le dernier, parce que le directeur n'en veut que deux et parce qu'il ne veut pas que cette matière, un peu compacte, il est vrai, envahisse les Nos de l'hiver, du réabonnement, etc. Ces articles [2] ne doivent pas dépasser sensiblement deux

---

1. Article de Renouvier dans l'*Année philosophique*, 2e année 1868 (paru en 1869), p. 177, 469 et 477.
2. Ils ont paru sous le titre de : « La philosophie critique en France », dans la *Bibliothèque Universelle*, 1869, t. XXXVI, p. 91 et suiv. et p. 234 et suiv.

feuilles chacun de la *Bibliothèque.* Au point où j'ai conduit le
deuxième il a bien déjà cette étendue et pourtant il ne contient que
l'analyse telle quelle du *2° Essai* (d'après le résumé) celle du *3°* et le
commencement de la *Morale.* — Tout le *Droit naturel,* le *4° essai,*
les conclusions, etc., sont en arrière.

Je puis ajourner le *4° Essai,* malgré son importance, comme com-
mençant une série inachevée et me dispenser ainsi de citer les
terribles choses que vous dites sur les origines du christianisme ; je
puis ajourner les résumés, les conclusions, attendu que je compte
reprendre l'année prochaine cette étude de la philosophie critique en
France, mais il s'agit de conclure *dès ce moment* sur les deux volumes
de morale et de la façon dont je suis enferré, je ne puis plus dis-
poser que de 4 ou 5 pages d'impression. Le vrai est que la première lecture tout en me laissant une idée très nette de vos opinions
ne m'en a pas laissé une du plan, du mode de démonstration, etc.
qui me permit d'écrire d'abondance ; avec le tout sous les yeux, je
relis et relève à mesure ce qui me semble la substance, toujours
trop pour mon cadre. — Dans le *2° Essai* je n'ai guère relevé que la
théorie de la liberté en général et de son rôle dans le jugement qui
me paraît une chose capitale, un grandissime triomphe du sens
commun sur toutes conventions, prétentions et affectations (y compris les miennes) ; j'ai fait l'analyse littérale de la philosophie de la
nature, partie critique, où votre idée que les corps chauds ont chaud
a fait faire de terribles haut-le-corps à mon docte ami Naville. Les
239 premières pages de la *Morale* m'en coûteront bien six et je
suis à un point où il me faut de la force d'âme et l'absence totale de
papier blanc pour ne pas ouvrir une discussion critique en règle. En
effet, s'il y a un mérite au delà du devoir, si ce mérite est le sacrifice, inspiré par *l'amour raisonnable,* sans acception de personne,
l'amour de l'humanité, si cet amour raisonnable n'est que la perfection du devoir envers soi-même (p. 239), si le devoir envers soi-
même est à la base du devoir de justice (p. 85), que devient l'opposition du devoir et du mérite ? que devient l'opposition de la justice
et de l'amour, dès qu'on prend l'amour au sens raisonnable, au
sens positif et non pas au sens de l'amour passionné, qui, faisant
acception des personnes, poursuit en réalité une satisfaction personnelle et n'est dès lors qu'une forme de l'égoïsme et du besoin ?
— Je mets ceci ici pour en décharger mon article, qui n'en peut plus,
et je vous prie de venir à mon secours : l'auteur seul peut se résumer.

Marquez-moi, je vous prie, dans le droit naturel, un ou deux points sur lesquels vous pensez bon d'attirer l'attention et qui me dispensent, non de tout relire, mais de faire un sommaire pour lequel la place me manque. Déjà au début j'ai signalé la définition de l'état de guerre et le parti que vous en tirez pour donner à la casuistique un principe solide, service analogue à celui que l'analyse des conditions du jugement rend à la doctrine académique de la vraisemblance.

En attendant mieux, laissez-moi vous dire que je comprends parfaitement votre acharnement à faire tout reposer sur la justice, votre antipathie pour l'amour en opposition à la justice, vos observations sur le mépris du juste dans le monde religieux (ce qui est vrai chez les protestants aussi) et dans ce sens je reconnais que ce traité peut avoir une grande utilité pratique pour redresser les idées, mais on ne redresse un bâton qu'en le courbant en sens inverse, la bonté se trouve rentrer chez vous tantôt dans le devoir envers soi-même tantôt dans la passion. Il y a décidément là des préoccupations et par suite des préventions, des obscurités, une résultante finale à dégager; il y a un point où la dialectique doit montrer que Justice, Raison, Amour, Liberté, ne sont que les pans d'une pyramide, des valeurs échangeables, les noms d'un seul et même. Ce point, il faut le gagner, l'occuper et l'illuminer.

En attendant votre réponse, je vais corriger le commencement, retranchant ici et là un mot, une ligne, ce qu'on pourra dans un tissu déjà trop serré et gagnant le plus économiquement possible le commencement du droit naturel. L'article doit être remis le 8 septembre pour paraître le 1er octobre. Après l'avoir livré je pourrai faire mon havresac et prendre un billet de chemin de fer. Irai-je à Venise suivant mon premier projet? Accepterai-je votre aimable invitation? — Je le ferais sans hésiter, si je ne l'avais un peu trop directement provoquée, mais je passerais là-dessus si vous me promettiez revanche. J'habite une belle campagne isolée dans les prés à 3 kilomètres au-dessus du lac Léman dont nous embrassons le bassin, la chère est assez méchante, pas exclusivement végétale, mais pour quelque temps on pourrait s'y faire : en huit ou dix jours si nous étions en vacances, en un peu plus si les cours avaient recommencé, je vous ferais parcourir les beaux points de cette grande vallée qui doit intéresser un riverain du Rhône. Si n'aimez courir, resterez tranquille et votre solitude sera respectée. Donnez-moi une bonne parole et je suis tout décidé, persuadé qu'il y aura

3

moyen de corriger ce que votre végétarianisme pourrait avoir de déprimant pour l'estomac d'un gros homme de cinquante-cinq ans. Nos vacances finissent le 20 octobre.

Enchaîné au logis jusqu'au mois d'août, avec très peu d'excitation intellectuelle dans une petite ville assez délabrée et où seize ans d'absence m'ont dépaysé, j'ai réellement besoin d'une secousse périodique, si possible de voir quelques lieux nouveaux. J'ai déjà traversé Avignon, Nîmes et Marseille, c'est pourquoi je spéculais sur Venise et les lacs Lombards et le Tyrol; mais si vous me donniez la clef du pavillon, je pourrais rayonner de là sur des points inconnus : Les Baux, Vaucluse, le Ventoux par exemple, et plus loin Montpellier, où j'ai des amis, Cette, Toulon. Avec l'appoint de votre visite promise, le plateau provençal l'emporterait.

La *Revue Chrétienne* du 5 août a publié mon premier article contre Janet traitant de la solidarité, du péché originel, et de l'unité de l'humanité, pure philosophie, j'espère. Le n° de septembre donnera le deuxième sur la Rédemption, l'Incarnation, etc., le tout pris dans le sens naturel, moral et philosophique. L'élément de la foi chrétienne y est mis à part et...

(*La fin de la lettre manque.*)

XIII. — *M. Renouvier à M. Secrétan.*

La Verdette, 26/8 69.

Je risque fort, Monsieur, si je continue ainsi, d'arriver trop tard pour répondre à une question que vous m'adressez et peut-être aussi pour agir de mon mieux dans une résolution que vous avez à prendre. Je sacrifie donc bravement les arguments dont l'amoncellement présumé me faisait craindre d'avoir à noircir plusieurs pages, j'abandonne toute polémique, excepté sur le point où je suis interrogé, et je vais au plus pressé. Parlons d'abord de votre excursion de vacances. Vous me demandez une promesse en échange, une *bonne parole* au moins, comme vous voulez bien le dire. Si vous saviez à quel point je suis devenu sédentaire, à quel point presque morbide, jusqu'à ressentir une sorte de maladie nerveuse à l'approche de chaque déplacement projeté et voulu, vous n'insisteriez pas sur la *promesse*. Quant à la bonne parole qui doit mettre à l'état de projet bien séduisant, d'un de ces projets qui eussent paru contenir le bonheur même, au temps de la jeunesse, avant que l'expérience eût montré qu'on devient incapable d'en réaliser cela seulement qui dépend de nous, oh! cette parole je vous la donne avec ardeur. Quant au petit côté de la chose, au régime végétal dont vous me menacez, quoique âgé de cinquante-cinq ans et point gros homme, je le supporterais peut-être, il est trop de mon goût, pour ne pas s'accommoder à l'occasion à mon triste tempérament. Mais savez-vous que vous m'effrayez par la manière dont vous mettez en avant les défauts de l'hospitalité offerte, et aussi par la description sommaire des lieux naturellement splendides que vous habitez et qu'il faut que j'oppose aux petitesses d'ici. Voilà que me revient à la pensée tout ce qu'on dit de la propreté hollandaise, du confortable suisse, de l'art maisonnier et du genre de luxe bourgeois, souffrez que je dise *protestant*. Et je me dis : voilà que tu as invité un homme de ces bords à visiter ta saleté provençale, tu as donné le nom de pavillon à un taudis où tu amasses tes brochures poudreuses, à une fournaise, sous le toit, dont les murs sont imparfaitement colorés d'un rouge à la colle. Tu as à la vérité une chambre moins imprésentable à offrir, mais celle-là n'est pas isolée. Tu n'as pas averti que les ressources alimentaires étaient bien défectueuses chez toi... Mais enfin voilà qui est fait, un devoir rempli, quoiqu'un peu tard, et vous ne tomberez pas tout à fait dans un piège en vous rendant à une invitation que m'a seul inspirée le vif désir de causer avec vous, de connaître le langage amical et familier d'un philosophe à la fois si profond et plein de sentiment et dont les aventures spéculatives ont encore en un sens ma sympathie quand elles n'ont pas mon approbation.

Je regrette fort que cette sympathie ait percé dans mon étude de *l'Année 2e* — au point de faire croire à l'existence de préventions comme l'amitié en a — de moi à vous. J'aurais dû me méfier de cela. Il vous reste un demi-moyen d'y remédier. C'est de taper ferme sur moi. N'y manquez pas, je vous en supplie, je serais bien fâché, tout en tenant à votre estime beaucoup, que vous voulussiez, de peur de paraître me rendre le mal pour le bien, atténuer les jugements que votre foi porte sur mon incrédulité et que vos coreligionnaires attendent naturellement de vous. Et croyez bien surtout que je ne suis pas d'humeur à vous dire par pur compliment ce que je dis ici et en attendant au fond tout autre chose.

Vous me reprochez de faire aboutir à une opposition la justice et

l'amour, le devoir et le mérite, quoique de même source selon moi.
Je ne vois nulle contradiction à admettre de telles oppositions de
fait et entre des éléments moraux qui se déterminent diversement.
Tout l'homme n'est-il pas d'une seule source? et pourtant l'homme
est un chaos d'oppositions inextricables!

L'homme après le péché n'est presque plus capable de mérite ni
d'amour raisonnable. Le désir de mériter lui devient même un piège.
Trop heureux s'il peut seulement payer partie de ce qu'il doit, au
lieu de se flatter de *donner* du sien. Il peut encore connaître, observer
jusqu'à un faible point des devoirs déterminés, rendus positifs; il
peut s'élever parfois à la notion de quelques principes généraux de
devoir : égalité, respect passif, contrats formels, etc. Mais n'ayant
pu arriver socialement à un degré passable de perfection en ces
choses mêmes, il s'est rejeté sur d'autres, amour, mérite, sacrifice, etc. Manquant de pain il s'est voulu nourrir de brioches; la passion a pris le pas sur la raison, a prétendu donner ou suppléer le
règlement... et de là amélioration, élévation du cœur, abaissement
de l'esprit et du caractère. — Vous demandez que je vous marque
un ou deux points pour jeter du jour sur mes deux volumes. Je
pourrais peut-être vous signaler les courts chap. 47, 48 surtout
p. 307, comme ayant trait à ce qui vous intéresse le plus. Mais vos
objections me montrent, hélas que je n'ai pas réussi à dire ni à faire
entendre en 800 pages ce dont je suis le plus pénétré. Triste sort et
que Écrire est difficile chose! — Quant à une vue générale ayant
valeur de plan et de méthode, je ne vois toujours que la paix et la
guerre bien remarquées de vous — mais non pas seulement comme
apportant des règles à la casuistique, je veux dire plutôt comme
propres à rendre compte de l'altération empirique des droits et
devoirs, de la justice. La loi rationnelle du débit et du crédit cons-
tants et constamment égaux dans *l'amour égale justice*, la loi du
travail à fins mutuelles toujours naturellement dirigé au mieux de
tous, d'un commun accord et sans effort, cette loi de béatitude
cède la place en fait à la justice qui calcule et pour qui l'amour n'est
rien, et au *Droit* fondé sur la défense. Maintenant que préférons-
nous? contrefaire les anges en cherchant dans l'amour-passion (sous
les noms de sacrifice, dévouement) la part de justice nécessaire? Nous
allons continuer à nous dévorer faute de loi. Ou tâcher d'être des hommes et consentir à n'aller à l'amour que par les étapes d'une justice peu
amoureuse? Voilà la question. Que ne l'ai-je posée seulement?

Les anciens sont tombés tout en ayant pensé bâtir sur la justice, ce que voyant, les religions du salut ont pris un autre principe. Si ce dernier a eu peu de succès, faut-il pour cela reprendre le premier qui en son temps a fait pire? Je réponds à cette question que je ne connais pas de temps pires que ceux des siècles ɪᴠ à xᴠ. Ensuite on a commencé à faire mieux, un peu mieux, qu'à aucune époque, je crois cela, mais je crois aussi qu'il n'en est ainsi qu'à cause du contenu de quelques mots dont les anciens sont les auteurs et qu'ils nous ont légués en périssant : la raison, la loi, le droit, la philosophie... plus poésie et ses branches, les leçons et les modèles.

La bonté se trouve rentrer tantôt dans le devoir envers soi, tantôt dans la passion... il y a là décidément des préoccupations... j'avoue les préoccupations, mais où donc est la contradiction? La bonté est passion essentiellement, j'ai cru cependant pouvoir la prendre pour objet d'un devoir envers soi, en tant que nous devons la cultiver... (ch. 22). Mais je ne défends pas mes expressions trop souvent équivoques ou mal inspirées sans doute.

Il est temps de conclure. J'ai encore trouvé moyen d'être long tout en ne voulant toucher qu'un point, j'ajourne les autres. Ma conclusion pour notre polémique, c'est que j'accepte volontiers votre formule de la justice fondée sur l'amour et amour réglé par la justice, je la trouve psychologiquement vraie. Mais cette formule ne lève pas l'opposition entre les sociétés conventuelles des saints ou prétendus saints qui ne se reconnaîtraient point de droits et n'auraient pour règle que l'amour de Dieu et du prochain joint aux autres commandements divins, et les sociétés civiles fondées sur le contrat, le droit individuel et la propriété.

Mille salutations cordiales avec remerciements anticipés pour ces consciencieux compte-rendus qui vont paraître. Encore une fois ne me ménagez en rien et si j'ai dit des choses trop terribles punissez-moi.

Votre tout dévoué.   C. RENOUVIER.

P.-S. Comment est-il possible qu'après l'accident de l'*Année* perdue vous n'ayez pas recouru de suite à la source d'ici? J'en ai quelques exemplaires là qui ne font rien et comment jamais les placerai-je si bien que je ne l'eusse fait là?

XIV. — *M. Secrétan à M. Renouvier.*

Les Bergières, le 29 août 1869.

Monsieur.

Excusez, s'il se peut, mon indiscrète demande de l'autre jour et surtout n'y obtempérez pas, si vous étiez porté à le faire, car tellement quellement l'article est fini et je n'ai plus la force de le remanier, tout pénétré que je sois de son insuffisance. Au lieu de lire deux fois à quelques mois d'intervalle *La Science de la Morale*, il aurait fallu la lire deux fois de suite, la plume à la main, et écrire au plus tard huit jours après. Mais c'est fait. Néanmoins, si ce travail me fait peu d'honneur, il n'en servira pas moins votre philosophie dans nos pays.

9 heures. J'en étais là quand le facteur m'a apporté votre bonne lettre. Je vais regarder p. 307, 1er volume, si j'y ai négligé quelque chose. Mon compte rendu se perd dans les détails. Il est trop tourné aux solutions pratiques et néglige trop ce que vous relevez avec raison : la critique, la déduction du fait présent, parce que j'ai voulu réserver l'*Essai IV* et ses frères à venir pour un compte rendu de votre *Philosophie de l'Histoire*; toutes les méchancetés avouées sont du reste dans le premier article : *Initium ex nihilo*. Le second n'en est que plus perfide, comme Ravaisson je vous tire à nous. Voici quelques mots de ma conclusion de ce matin, antérieure à votre lettre :

« Par l'opposition de bon sens et toute chrétienne de la paix identique à l'ordre, à la raison, à la nature, et de la guerre, qui est l'accident, le désordre et le fait avec lequel il faut toujours compter, l'auteur a planté le vrai jalon qui permet à l'esprit de s'orienter dans le chaos des faits et des idées sociales...

« *Pratiquement* nous *souscrivons* à tout ce qu'il dit pour la justice telle qu'il la définit, et contre l'amour tel qu'il le comprend. Mais son idée fondamentale ne nous semble pas encore tirée au clair. La morale juridique franche et sèche ne fonde pas le droit sur le devoir... Cette justice puisée dans le devoir envers soi-même, ce devoir envers soi-même qui implique la bonté (Dieu sait pourquoi!), cette bonté méritoire qui est le devoir transfiguré et ne trouve de limite que dans les obligations contractées; tout cela vient d'un fond qui se traduirait aussi bien dans une morale sérieuse de dévouement et d'unité. Tout cela fait penser à cette âme que Tertullien prétend naturellement chrétienne », etc.

Je ne vois pas dans votre lettre de quoi changer cela et je ne m'en soucierais guère; lu surtout par un public qui se croit chrétien, je songe moins à briser sa formule qu'à en purifier le contenu, si je le puis. Les religions ne sont pas nécessairement stationnaires. Je veux faire lire votre ouvrage; le scandale viendra assez tôt pour ceux qui liront, mais avec viendront aussi, pour quelques-uns, l'instruction et l'édification. Quant à ce qui est manqué dans ce compte rendu de la morale, c'est bien décidément manqué.

Merci pour le reste de votre lettre. Je n'ai pas réclamé, mais crains le végétarianisme, comme conséquence de vos principes. La belle campagne n'est pas à moi, nous sommes de petites gens et le pavillon ne me fait pas peur. Seulement après la fluxion aux dents, j'ai pris la goutte à l'orteil et je ne sais plus s'il me sera possible de quitter le logis cette année. On me fait boire de l'eau de Vals. Si j'allais la chercher à Vals cela m'amènerait bien près de chez vous. Vous craignez les déplacements, mais vous avez pourtant logis en ville et à la campagne. A votre prochain départ pour Paris, ou si c'est impossible, de Paris, quoi de plus simple que de faire le petit détour par Genève et Lausanne? Ce n'est qu'une halte, et vous retrouverez à Lausanne une ligne assez courte par Neufchâtel et Pontarlier, sans revenir sur vos pas. Le train partant d'ici à 1 heure vous amène à Paris à 5 heures du matin. Par le temps qui court, passeports supprimés, douane suisse = 0, douane française, peu de chose, il n'y a rien de plus simple que cela. Pour moi si je parviens à me mettre en route, je vous écrirai alors de Grenoble ou de Vals.

Je ne réponds pas à votre critique de la morale ecclésiastique parce que j'entre tout à fait dans votre sentiment : Je n'ai relevé les chapitres signalés, 47, 48, que d'une manière très générale, toute discussion de détail m'eût entraîné fort au delà des bornes : Je vous ai suivi pied à pied jusqu'au droit public où je lâche et me borne à une table des matières.

Je ne suis pas de force à discuter avec vous sur le Moyen Age, etc. Quand vous dirigez vos arguments contre la continuité et la nécessité du progrès, je les admets; quand contre le Moyen Age comme résultat de la prédication chrétienne, je vous trouverais bientôt incomplet et injuste. Un point saillant : la civilisation finit et recommence. Rome a dépeuplé l'occident, Rome, l'empire, non l'Église, nouveaux peuples, nouvelles langues, nouvelle jeunesse, nouvelle épopée, nouvelle Troie. — Ce n'est pas aux temps de civilisation du monde ancien, mais à son temps de barbarie, avant Homère, avant Hésiode qu'il faut comparer le Moyen Age pour dire s'il y a progrès oui ou non dans l'histoire de l'humanité. En parlant du seul poème du Moyen Age il me semble que vous êtes injuste. La Chanson de Roland, les Nibelungen, le Romancero du Cid, sont de la poésie, barbare sans doute, sans ancêtres et d'autant plus féconde. Vous me paraissez encore trop possédé vous-même par l'idée du progrès rectiligne et continu que vous combattez pour être équitable envers le Moyen Age, trop peu religieux d'imagination et de raison, dirai-je, pour être équitable envers la Philosophie de l'Histoire en général. Et pourtant que de points d'attache ne trouverais-je pas ici encore, entre vos théories et l'idéal que j'entrevois, que d'endroits où vous pousser... car enfin cet ordre universel de finalité qui est votre *postulat* et vous rattache *volens nolens* au Monothéisme : y croyez-vous? Si non, pourquoi en parler? Si oui, pourquoi le remettre si vite en poche? Pourquoi ne pas demander s'il se trahit ou non dans l'histoire? Quand toute l'expérience parlerait décidément contre lui, il serait bien compromis à tous les titres que ce soit. Et si l'expérience est *maniable*, *l'a priori* veut qu'on l'interprète avec une idée *providentielle*. N'arrivons-nous pas à la spirale? A l'idée d'une montagne dont *il faut* atteindre le sommet; n'ayant que le choix des *sentiers*, dont plusieurs sont des *cassecou?* Bref le monde égypto-romain et le monde *du livre* sont deux mondes dont il faudrait paralléliser les périodes, pour être dans le vrai du fait *Corollaire* : vous mettez trop le Moyen Age entier au compte du christianisme qui ne le possédait pas assez réellement pour en répondre aussi complètement, et cela sous deux points de vue : 1° Trop au compte de l'Église, qui ne pouvait ni tout empêcher, ni tout faire sur les barbares. 2° Trop au compte du Christianisme dans les misères de l'Église elle-même, qui était elle aussi barbare, qui était romaine ét grecque pardessus le marché, pleine de philosophie qui a fait son dogme, de jurisprudence autoritaire qui a fait son *établissement*, remplie de barbares et de mauvais sujets depuis son accès au pouvoir et à la richesse. Ici encore j'ai besoin de vous fondre avec ma vieille croyance, ici encore je cherche la synthèse, c'est pourquoi je suis à vous de tout mon cœur.

CH. SECRÉTAN.

XV. — *M. Renouvier à M. Secrétan.*

La Verdette, 11/9 69.

Cher Monsieur,

Quoique je n'aie lu encore qu'une fois et bien rapidement l'article de la *Bibliothèque* je ne veux pas perdre un jour pour vous remercier, et même au risque probable que ce billet ne vous trouve plus en Suisse. Peu s'en faudrait, si je vous y croyais, que je ne partisse à l'instant pour vous faire visite, quoique fort incommodé de migraine et autres petits maux. C'est que mon très cher ami et compagnon de solitude Bouchet-Doumenq part à l'instant pour le Congrès de la Paix. Je voudrais bien qu'il vous trouvât encore et vous serrât la main de ma part. Mais que ce nom belliqueux de membre d'un tel congrès ne vous porte pas à retirer la vôtre. L'erreur serait très grande. M. Bouchet mérite véritablement d'avoir part à celle des béatitudes que vous savez.

Je suis content, parfois même confus de la partie louange. Elle dépasse assurément mes faibles talents. Je m'attribue naturellement quelque mérite, puisque je travaille, mais je connais mes défauts proprement dits, mes vices d'exégèse aussi, et je suis très particulièrement convaincu que j'ai dû commettre de grosses erreurs; seulement je ne sais encore lesquelles.

Vos attaques touchant le *premier commencement* sont de bonne guerre. Vous n'êtes pas tenu d'orner mon monstre pour le présenter au public, non plus que d'exhiber en même temps le vôtre qui lui ressemble assez, sauf les ornements. Et puis ce public ayant de longue date l'habitude de trouver les philosophes absurdes (Exemple ce que j'ai entendu et lu partout sur l'harmonie préétablie, sur les idées de Berkeley, etc., etc.), on s'exposerait trop dans certains cas à vouloir le faire changer d'avis et à lui expliquer le mystère qui force tout véritable philosophe à choquer le soi-disant bon-sens.

C'est sur *l'espace* que je me plains un peu de votre exposition et critique. Vous savez bien que je n'entends pas l'espace limité en tant que représentation et possibilité. Or c'est là sa *réelle* nature; comme réalité en un autre sens dans le monde, ce n'est pas *lui* qui est limité, mais ce sont les choses données sous des rapports d'étendue, qui sont finies, nombrables, etc. Je ne diffère guère en cela du commun de ceux qui croient à la création — du moins avant que se fût fait le mélange adultère de *l'infini créé*. Il n'est donc pas juste de m'accuser d'absurdité propre sur cet article.

Je ne voulais écrire que deux mots, et voici bientôt une lettre. Pourtant, il faut encore que je vous demande *où la philosophie, d'après vous, doit chercher son caractère scientifique et par où se distingue d'un simple instrument au service d'une foi* QUELCONQUE, *si elle abandonne un principe de la raison et un régulateur tel que le principe de contradiction?* Je tiens à cette question et compte bien la renouveler.

Et maintenant il ne me reste que la place de vous réitérer mes remerciments très vifs et mes bien cordiales salutations.

C. RENOUVIER.

XVI. — *M. Renouvier à M. Secrétan.*

La Verdette, 24 oct. 69.

Cher ami,

Il me tarde beaucoup d'apprendre, de faire mieux que supposer, que les soins de la famille, le climat plus favorable, etc., ont amené votre complet rétablissement après les épreuves de ce voyage *d'agrément* dont j'ai goûté seul, je le crains, tout le charme. J'ai pensé et repensé depuis à nos conversations que j'aurais voulues plus longues, plus serrées encore — (mais que je n'aurais pas voulues moins variées) — si je n'avais eu peur de vous excéder par des arguments *in forma*. Telles qu'elles ont été j'en conserve un souvenir plein de fruit.

Vous aurez été informé certainement des articles de M. Franck dans les *Débats*, vous aurez vu alors que l'exemple que j'ai donné en citant votre autorité contre l'optimisme de M. Ravaisson a trouvé un imitateur. Je m'en suis félicité. Pour mon propre compte, je suis loin d'avoir à me plaindre de M. Franck. Il ne tient même qu'à moi de croire que j'ai inspiré un moment *des inquiétudes* à cet honnête penseur pour le bien fondé des vérités qu'il nomme telles (7 et 14 août, 9 sept., 7 oct., *Débats*).

Je lis un livre de mérite qui appartient au nouvel éclectisme (éclectisme désormais assez semblable à celui des anciens). C'est la *Philosophie de Platon*, de M. Alf. Fouillée un grand mémoire couronné. M. Fouillée est visiblement un des porteurs des destinées futures de l'école universitaire.

Ne me punissez pas, je vous en prie, de ma procrastination et donnez-moi bientôt des nouvelles de votre santé.

A vous de cœur.

C. RENOUVIER.

XVII. — *M. Renouvier à M. Secrétan.*

La Verdette, 12/1 70.

Cher ami,

Comment vous expliquer ce long silence? Il faudrait que je puisse d'abord me l'expliquer à moi-même! Est-ce désir et pressentiment d'une longue et très longue lettre sur nos éternelles questions à reprendre, et sur vos articles de la *Revue chrétienne* que j'ai reçus et relus — puis recul de procrastination en présence de tant de pattes de mouche à écrire? Au moins devais-je en attendant me mettre en règle et mériter d'obtenir des nouvelles de votre santé qui n'était qu'à moitié remise au moment de la dernière lettre que vous m'avez écrite! c'est ce que je fais aujourd'hui en joignant ici tous les vœux imaginables que je fais et que cette époque de l'année m'autorise à vous transmettre bien naïvement pour toutes les satisfactions d'esprit et de cœur qui vous sont dues, et pour la conservation de ce qui vous est cher. Ma femme et l'ami Bouchet se joignent à moi pour cette lettre toute de dires d'amitié et bons souvenirs.

Que je vous dise pourtant que j'ai été heureux d'apprendre que vous vous étiez mis à l'œuvre de la correction du 2ᵉ volume de la *Philosophie de la Liberté*. Vous savez combien je l'ai trouvé INTÉRESSANT. Je conçois et j'aime que vous le corrigiez peu, car il est ce qu'il est. Mais ce que je voudrais bien c'est qu'il y eût réponse dedans, si possible, aux questions que lui-même suggère dans ce qu'il dit ou fait entendre au sujet des rapports de la nature et du péché et des échelonnements de la création. Vous m'entendez bien! Mais je préciserai pour peu que vous le désiriez.

Je n'ai pas eu en général à me plaindre pour ma santé depuis le mois d'octobre. Je voudrais bien pouvoir modifier votre jugement sur l'air du Comtat et sur les effets des figues et raisins *concentrés*! Les autres raisons que vous admettez vous-même pour expliquer la grave indisposition (grave en tant qu'ainsi prolongée) qui vous a accompagné pendant votre séjour ici sont bien suffisantes, et vous n'avez nul besoin d'accuser la Provence et ses fruits, dont on peut après tout s'abstenir.

Adieu, cher ami, je vous serre bien affectueusement les mains.

C. RENOUVIER.

XVIII. — M. Secrétan à M. Renouvier.

Les Bergières, 26 janv. 1870.

Cher ami,

J'ai reçu avec bien du plaisir, avec bien de la gratitude votre lettre affectueuse du 12 courant. Je vous envoie aussi mes meilleurs vœux de bonne année, ainsi qu'à Mme Renouvier et à vos amis. Depuis cet automne je ne vous quitte plus par la pensée. Je suis sûr que vous avez presque aussi froid que nous autres, mais j'espère pour vous plus de soleil. Ici, par un ciel couvert, une assez forte bise et 5 ou 6 degrés sous 0 on ne pense plus qu'à se souffler sur les doigts. J'ai interrompu mes bains froids trouvant le temps assez tonique sans cela et je suis sûr que ma baignoire n'est qu'un glaçon. Au reste la santé est aussi bonne que possible à notre âge. Seulement, depuis le nouvel an, je suis pris d'une immense paresse. Je compte sur vous pour me réveiller, car enfin le Carnaval et le Carême vont vous rappeler à Paris, vous jugerez bien la nouvelle France constitutionnelle digne d'un coup d'œil et alors vous ne pouvez pas éviter le détour des Bergières, vous ne chercherez pas même à l'éviter, vous serez piètrement logé, mais loyalement promené, vous vivrez d'œufs et de lait, mets pacifiques et adoucissants et vous nous ferez à tous un immense plaisir. Si j'ai dit du mal du Comtat ou de quoi que ce soit dans le Comtat, je le rétracte et je vous en fais mes excuses, afin qu'il n'y ait pas de points noirs à l'horizon, point de froid dans le revoir.

J'ai terminé ma revision du 2e volume [1] mais je n'ai pas fait, pas commencé la préface où je voudrais marquer quelle est en 1870 ma position vis-à-vis de ce produit de 1844-1845. Je suis arrêté par la difficulté de trouver à Lausanne le même caractère que celui du 1er volume imprimé à Neufchâtel.

Je comprends bien ce que vous entendez par : les rapports de la nature et du péché et les échelonnements de la création. J'ai tenté

---

1. 2e volume de la *Philosophie de la Liberté*.

réellement d'éclaircir un peu ma pensée et de parer aux contradictions apparentes ou réelles de l'ancien texte par quelques additions explicatives. Mais je ne crois pas que la nouvelle forme vous
satisfasse mieux que la précédente ni même que vous y vissiez
beaucoup de différence. Et comme le sujet a l'air de vous intéresser,
je ne demande pas mieux que de vous voir préciser vos questions.
J'irai même plus loin : Si vous en faisiez l'objet d'une lettre à part
et ostensible, j'essayerais d'y répondre par un petit mémoire et je
joindrais le tout en note ou appendice à mon volume, ce serait plus
facile que de remanier encore une fois les leçons en éloignant
toujours plus la Philosophie de la Liberté de sa forme première.
Ceci pourrait se faire indifféremment sur la 1re édition ou sur les
bonnes feuilles de la 2e. A propos de la 1re édition je n'en ai qu'un
exemplaire relié plus un interligné ce qui est ennuyeux. Je puis très
bien vous envoyer le 1er si vous voulez, comme aussi, le moment
venu, vous faire passer les bonnes feuilles (ce serait peut-être un
peu tard).

Si vous n'entrez pas dans cette idée, je n'essayerais pas moins de
répondre pour vous seul aux questions que vous m'adresseriez, je
n'ai pas tant envie de les prévenir et je ne saurais pas trop non plus
comment m'y prendre, parce que mon résultat n'est pas assez clair.

En somme, sur l'origine du monde matériel et animal, il me semble
que la pensée, partant de mon inconditionnel et du fait de l'existence
en général, parvenue à la créature morale, etc., arrive dans un carre-
four en présence de trois ou quatre alternatives qui ont toutes leurs
avantages et leurs inconvénients et entre lesquelles il n'y a pas de
motif péremptoire pour choisir. 2° Je m'explique cette insuffisance
de la méthode par le fond de ma critique. Notre science est propor-
tionnelle à nos besoins. Nulle question morale n'est intéressée à
savoir si la nature sensible est dans son principe contemporaine et
distincte de la créature morale où nous sommes obligés de chercher
sa cause finale, et si elle n'a été qu'altérée par contre-coup; si elle
résulte de la chute elle-même et représente la série des travaux
préliminaires à la production de l'humanité par elle-même, ou enfin
si, objet d'une création subséquente à la chute, elle doit être considérée comme un instrument de restauration. Même l'idée que la
nature n'est intervenue en rien dans la question de notre histoire
pourrait être défendue. Mais si ces questions n'importent pas à notre
but pratique, il est clair qu'on ne saurait les résoudre par la méthode

philosophique dont le principe est de tenir pour vrai ce qui est réclamé par ce but.

En somme cependant, l'expérience et le sentiment me semblent parler pour.les hypothèses qui rendent la plus étroite possible la solidarité entre la nature et l'homme et qui n'admettent aucune souffrance imméritée, aucune sans but, aucune sans une suprême compensation et justification. Sans être capable de m'expliquer davantage, je penche pour ne voir dans la nature que le corps de l'humanité sans me prononcer sur la question de savoir si l'existence d'un tel corps étendu en général ou seulement sa condition présente sont l'effet de la chute et de la restauration.

M. Dandiran, mon collègue depuis quelques mois, désirerait qu'on fît mention dans la bibliographie de l'*Année Philosophique* du *Compte rendu* trimestriel des publications de théologie et.de philosophie à l'étranger, qu'il publie depuis deux ans. Ce compte rendu n'a donné jusqu'ici que des analyses de livres sans appréciations et s'est piqué de représenter impartialement toutes les écoles. On accorde généralement qu'il a tenu parole. C'est ce qu'on en peut dire de plus favorable, car tous les articles ne sont pas également clairs et intéressants; mais enfin tel quel il me paraît digne d'être mentionné et encouragé, il rend déjà des services, il en peut rendre de plus grands s'il réussit. Il m'a semblé que vous le possédiez déjà, sinon le directeur sera heureux de vous l'envoyer. Outre mes trois cours obligatoires pour les élèves : logique formelle, psychologie et l'histoire de la philosophie, en tout huit heures, j'ai ouvert à l'Académie un cours de théodicée dont les deux premières leçons ont été assez bien suivies, vu le petit nombre total de nos élèves. J'y rencontre justement au début les questions touchées ici et j'y suis passablement empêché. Ces neuf leçons de 3/4 d'heure, que je prépare peu ou point dépensent pourtant mes forces assez pour que je paresse le reste du temps sans trop de remords.

Les affaires de Rome, celles de Paris, les nôtres aussi, dont on ne parle pas au dehors et qui sont plutôt à l'état d'incubation : Revision de la Constitution fédérale, Université fédérale, Saint-Gothard, tout cela m'intéresse assez et je perds bien du temps à lire les journaux. On me dit que j'ai décidé une dame catholique romaine à sortir de son église. Je dois aller la voir prochainement, ce qui m'embarrasse fort. Je me trouve bien léger et bien inconséquent pour ce métier-là. Mais c'est pourtant bien quelque chose d'avoir gagné ce point sur le père

Matignon et sur mon ami Gratry qui n'y ont rien pu l'un et l'autre.
Ce m'est un grand plaisir d'apprendre que celui-ci a eu enfin le courage de rompre ostensiblement avec les Ultramontains et qu'il en
est couvert de sottises. Si lui et quelques autres imitaient Hyacinthe
ce serait bien bon pour la France qui n'ira guère d'elle-même au
Protestantisme établi, libéral ou autre. Il y a deux traditions et trop
de sang, trop de crimes.

Dites-moi ce que vous faites, vos travaux ? Adieu ! Il ne me reste
pas la place de vous dire tout ce que vous êtes pour moi.

CH. SECRÉTAN.

XIX. — *M. Renouvier à M. Secrétan.*

La Verdette, 21/5 70.

Cher ami,

Comment arriver à rompre le charme s'il faut trouver une excuse
pour ce silence honteux ? La paresse en est peut-être une valable,
à ce degré où elle devient maladie après avoir été vice. Mais on
n'est pas moins parfaitement *damné*. Je n'ai de ressource que dans
votre *charité*. Cette paresse n'a été, n'est encore que trop réelle,
l'état de mes travaux depuis un an ne la prouve que trop. Je n'ai
rien fait que choses inutiles, les sachant inutiles, etc. Pour justifier à
mes propres yeux la procrastination, quand il s'agissait de notre
correspondance, je me disais que je désirais fort vous fournir le
thème d'objections que vous me proposiez de prendre pour argument de quelques éclaircissements ou développements à ajouter au
t. II de la *Philosophie de la Liberté*, mais que la forme et le fond de
ce petit travail m'embarrassaient également, que je ne savais quel
ton prendre — ostensible — pour mettre mon impiété bienveillante
en rapport avec votre christianisme philosophant, etc. Maintenant il
est sans doute trop tard. Mais à tout hasard je vous envoie quelques
lignes que j'ai écrites en me servant de notes prises il y a un an. Je
crois que ces notes me suffisent sans vous donner la peine de m'envoyer un exemplaire que vous devez garder. Vous ne ferez probablement aucun usage de mes objections ou observations, soit qu'il
n'est plus temps, soit parce que je ne les rédige pas de la manière
voulue. Elles serviront au moins entre vous et moi à donner un
certain degré de précision au desideratum que m'a laissé la lecture
de votre t. II et dont je ne vous ai jamais parlé que vaguement. A

mon avis vous en avez trop dit dans ce très intéressant et très remarquable ouvrage, sur la question de la nature et de ses rapports avec l'humanité, pour n'être pas obligé d'en dire encore un peu plus. Je conviens que vous pouvez arrêter la spéculation au point que vous voulez, tant à cause du *non liquet* que pour la raison (moins bonne ici, selon moi) de l'indifférence pratique de certaines vérités obscures : mais quand votre lecteur (supposé que ma propre impression ne me trompe pas) se demande : Que veut-il donc dire? jusqu'où irait-il bien? Mais tout à l'heure il disait telle autre chose? ne vous laisserez-vous pas toucher par son désir de pénétrer le fond d'une spéculation que vous ne lui semblez pas homme à n'avoir pas faite une fois pour vous si ce n'est pour lui?

Vous verrez que j'ai joint quelques indications sur d'autres sujets du t. II. Pour les rendre moins importunes j'ai tâché de les rendre lisibles en modelant de mon mieux mes pattes de mouche. C'est du myope à myope.

L'Année philosophique a été si bien retardée par la paresse de ses auteurs que nous avons pris le parti, Pillon et moi, de réunir les deux années 1869-1870, qui devront alors paraître sans faute en janvier 71. Je ne manquerai pas d'y placer l'article demandé par M. Dandiran et de donner une idée de la manière dont est composé le recueil *Théologie et Philosophie* et de l'utilité dont il peut être aux hommes d'étude en France. Pour moi, qui ne sais pas l'allemand, je le lis ou parcours avec profit. Parfois je le désirerais plus serré, plus technique, dirai-je, sur les points de mon métier, mais je reconnais qu'il pourrait perdre plus d'abonnés qu'il n'en gagnerait à me satisfaire. Au reste j'approuve entièrement son procédé impartial. On a eu la bonté de m'envoyer les numéros de septembre et décembre 1869 que j'avais déjà comme abonné. Je les tiens disponibles et puis même les faire parvenir comme échantillons à qui l'on voudrait.

Je renonce à Paris pour cette année. Rien ne m'y attire, absolument rien, et je songe même à sous-louer mon appartement si le successeur de M. Haussmann ne se hâte pas de le démolir. Je me bornerai à aller soigner mon larynx à Cauterets. Vous voyez combien il m'est impossible de songer pour cette fois aux *Bergières*, mais je n'y renonce pas pour jamais, croyez-le : je n'entends pas non plus me condamner à ne plus faire de temps à autre un voyage à Paris, à moins que l'âge croissant n'augmente démesurément mes dispositions sédentaires. Et vous, ne vous verra-t-on pas aux vacances qui viennent. Ne serez-vous pas tenté de reprendre le plan malheureusement manqué l'année passée? Vous nous rendriez bien heureux. Il me tarde de savoir si votre santé est tout à fait bonne et à ce point encourageante.

Adieu, cher ami, ma femme et mon ami Bouchet se rappellent à votre bon souvenir. Ne me punissez pas d'un trop long retard infligé. Ne suis-je pas assez puni déjà par celui dont je suis cause.

Adieu. Bien à vous de cœur.

C. RENOUVIER.

.*.

Dieu existe *s'il le veut* — son existence, *un miracle impossible à prévoir* — il crée par acte de volonté pure non par *besoin ou désir*, mais *pour aimer*. On peut trouver cette dernière distinction bien subtile, car enfin le *pour aimer* indique aussi un désir : c'est l'aimer de l'aimer et le pour du pour, en *somme donc une passion et un but*. De même au sujet de la self création. J'entends bien que Dieu existe sans cause (ce qui me semble être le sens du *causa sui* ou de l'exister purement et simplement parce qu'on le veut); je l'entends, dis-je, en ce sens que le premier commencement implique par définition absence de cause. Mais je n'entends pas que Dieu existe, fût-ce un seul instant, sans un but et une pensée. Pourquoi? parce que l'existence serait alors vide, aurait sa cause identique à soi sans autre essence, une cause qui ne serait cause de rien. N'est-ce pas là faire avec le pur vouloir ce qu'Aristote fait avec le pur penser (νόησις νοήσεως)? En un mot l'acte d'exister étant dit acte de volonté, *formellement*, pour les raisons que nous savons, il doit être dit cependant acte de penser et de désirer, *matériellement* parce que l'existence matérielle est cela même. L'intelligence *reflet* de la liberté, expression que je lis quelque part, n'opère que verbalement la réduction du penser au faire, ou seulement pendant le temps que le faire et le penser sont également vides. Encore pourrait-on soutenir que la réduction a lieu en sens inverse par un simple changement de point de vue, car il faut bien que le faire ou vouloir se représente à lui-même, d'où primauté du principe de présentation en tant que tel. A son tour l'idée bouddhiste du *désir d'exister* me semble pouvoir réclamer sa part matérielle du premier moment de l'être, et n'encourir de reproche que dans la confusion du désir passif avec la volonté.

4

[Et je ne sais si Schopenhauer a versé comme Fichte lui-même du
côté du déterminisme absolu ; mais du moins le bouddhisme pratique
est obligé de distinguer, puisqu'il engage ses fidèles à vaincre le
désir. C'est le calviniste en chaire prenant le langage du pélagien.]

Création : La contradiction avouée : « Dieu veut que la création
existe comme libre, et elle ne peut exister comme libre que par le
fait de sa propre liberté », cette contradiction serait levée en admettant que toute créature libre a pour origine l'origine qu'a Dieu,
laquelle origine n'est pas plus incompréhensible quelques milli-
millions (*sic*) de fois qu'une seule. On laisserait alors dans l'insondable,
à côté du mystère de l'être répété ce nombre de fois, le mystère de
Celui qui a cela de plus que les autres d'être leur maître et leur
père à tous — car je ne vois pas que l'idée de paternité implique celle
de donateur de liberté. On peut ne pas prendre ce parti à cause de
la tradition et du scandale... mais il semble que *philosophiquement*
il serait indiqué et presque forcé.

*Liberté, dans l'humanité actuelle, forme de la grâce, don de la
grâce* : que la liberté perdue ou affaiblie soit en son œuvre sup-
pléée par la grâce, on le comprend, mais qu'elle contracte avec elle
une sorte d'identité, c'est une thèse qui me paraît convenir moins
à la *Philosophie de la Liberté* qu'à quelqu'une de ces doctrines où la
liberté morale et son mobile sont confondus, pourvu que ce mobile
soit bon (Descartes, Kant, les grands déterministes méconnus, et
Hegel). La liberté étant la faculté du choix, comment serait-elle une
forme de la grâce, qui détermine ce choix jusqu'à le faire évanouir
comme tel, à la limite? Au reste, la perte ou l'affaiblissement de la
liberté ne sont-ils pas avant tout, pour nous croyants de la liberté,
des mots signifiant la perte ou l'affaiblissement d'un ordre de motifs
prépondérant avant la chute ? Ces mots sont dangereux s'ils peuvent
nous faire voir dans la grâce autre chose qu'une illumination qui
rend l'existence ou la force perdue à ces anciens motifs. L'interprétation que je préfère tient la liberté toujours séparée de la grâce, et
nous permet de la conserver, je ne dis pas pourtant inaltérée (c'est
une autre question qui me détournerait de celle-ci), mais pure et
entière dans les cas où elle se témoigne à elle-même.

Individus organes de l'espèce : Les conséquences morales de cet
organisme de la créature universelle sont expressément rejetées,
ainsi n'en parlons pas, quelque inconstantes qu'elles puissent paraître. Admettons avec tous les moralistes que l'une au moins des

racines du péché est une séparation de ce qui doit être uni, une fausse application quelconque du principe de l'individuel, toujours est-il que l'organisme de l'être nie ce principe qu'il ne faut que régler. L'idéal est évidemment : extrême et parfaite *individualité* avec *harmonie* parfaite; mais la comparaison de l'organisme ne se prête bien à définir que le second élément, tandis que le premier suivant l'ordre de la nature ne se réalise qu'au moyen de la subordination de plus en plus étroite des organes au tout. Et ce tout est un individu; c'est un individu qui a des organes et non point un organisme qui a des individus sous lui. De plus c'est la spontanéité de l'organe qui lui fait tenir sa place dans l'organisme, et c'est la liberté de l'individu qui doit lui faire tenir la sienne dans l'accord des volontés : autre différence profonde qui rend à mon avis toute assimilation du moral au physiologique propre à favoriser exclusivement les systèmes déterministes.

Je n'ai pas bien su si je devais comprendre que la création universelle et l'humanité ne sont qu'Un, celle-ci après la chute, étant devenue série d'espèces (ou seulement occasion de les créer). L'homme, est-il dit, n'est pas sorti des organismes antérieurs. Mais alors je ne sais plus en quel sens entendre que la nature n'est pas arrivée du premier coup à produire l'humanité, que cette nature, œuvre de l'être moral, a subi plusieurs évolutions et que son histoire raconte les phases de l'enfantement de la liberté. Si les organismes ne sont produits que *par rapport* à l'homme, et non pour l'envelopper lui-même sous diverses formes, en quoi servent-ils à son progrès? Comment aussi la *créature libre*, *substance* de l'Univers, est-elle *auteur en un sens* de cet univers, si ce n'est qu'il la réalise elle-même comme elle veut être réalisée? — L'espèce est une idée de la créature... est la créature elle-même... les individus sont Un dans l'unité de l'espèce [et de toutes les espèces?]... sont des formes de l'être universel. Qu'importe alors que chacun d'eux soit le fruit d'une création directe et spéciale de Dieu, qu'importe que le *Concours de deux volontés* soit nécessaire pour l'apparition d'une espèce quelconque, et de l'humanité et d'un individu, qu'importe quand l'une de ces volontés, Dieu, se rend toujours au *vœu de la créature universelle*? Il faut avouer que les animaux ne sont pas seulement créés par rapport à l'homme et avec des organismes étrangers au sien, mais que les animaux, l'homme, la nature, tous les êtres possibles, ces *degrés de restauration* ou *degrés de réalisation*,

CE QUI REVIENT AU MÊME (235), sont les formes liées dans l'espace et le temps, d'une séparation accomplie au sein de l'unité première et maintenant en voie de retour. Revenons-nous ainsi à la vieille doctrine Alexandrine après tant d'explications et d'expressions marquées d'un tel cachet d'originalité? Ou y a-t-il quelque autre manière de comprendre le rapport de l'animalité en général et de l'humanité, manière qui aurait besoin d'être mieux dégagée, ou qui m'aurait échappée lors d'une lecture beaucoup plus rapide?

En quel sens est-il dit de J.-C., page 288 : *il meurt pour rendre possible la mort de l'humanité*? L'humanité doit donc mourir? Le *salut*, la *mort volontaire par laquelle la nature transformée s'unit substantiellement à Christ*, n'est-ce pas plutôt la vie humaine accomplie, en Christ si vous voulez, soit en l'homme idéal, et y a-t-il dans le monde entier, sur la terre et dans le ciel, autre chose que l'homme, ainsi que l'ont pensé Swedenborg pieusement, et Feuerbach subversivement?

La photographie de Ch. Secrétan, que nous donnons ci-contre, a été prise à la Verdette par un ami de Ch. Renouvier, M. Adrien Autemps, le 4 avril 1889. Voir, à ce sujet, les lettres LXXIV, LXXV, LXXVI.

CH. SECRÉTAN
à 74 ans

LIBRAIRIE ARMAND COLIN

Les Bergières-sur-Lausanne, 25 mars 1871.

Monsieur,

Je n'espère point que cette lettre modifie l'impression de mon inexplicable silence, à moins que votre générosité ne vous eût suggéré en ma faveur quelques excuses imaginaires, car au milieu de toutes ces horreurs j'ai vécu et n'ai pas même été malade. Voici un an bientôt que vous m'avez écrit en m'envoyant avec une condescendance infatigable les objections philosophiques indiscrètement sollicitées. J'ai différé la réponse pendant quelques semaines, dans le sentiment de mon incapacité, sous l'empire du découragement et de la paresse. C'était bien assez tôt pour mon livre, et ce serait encore assez tôt, car l'impression n'a commencé que cette année même et n'est arrivée qu'à la douzième feuille; mais je ne savais que décider parce que je ne savais que vous répondre. J'avais d'ailleurs l'esprit occupé de mon frère aîné, professeur de droit, que j'ai perdu précisément à cette époque, à la suite d'une cruelle maladie, qui pourtant nous a beaucoup rapprochés — mais je n'ose plus vous parler ainsi de mes affaires — j'en reviens à ma confession et je l'abrège. Cette maladie, cette mort, les fatigues de nos examens, la difficulté d'une réponse au fond, m'ont fait différer jusqu'à l'été — et depuis le commencement de cette affreuse guerre je n'aurais plus osé vous parler de métaphysique. Chaque matin en revanche, ou du moins plusieurs fois chaque semaine, j'ai pensé à vous et à notre correspondance avec un mélange de désir et de remords. J'éprouvais un vif besoin d'échanger avec vous une pensée, un regard, une larme, et chaque fois près d'essayer, je renvoyais en me disant : De quoi parler à M. R. si non de ce qui se passe, et comment lui faire subir une glose sur des événements qui auront peut-être changé tout-à-fait de tournure lorsque ma lettre lui parviendra?

C'est ainsi que j'ai vécu tout ce siècle, car c'est bien un siècle, toujours poussé, toujours retenu. Enfin je n'y tiens plus, et d'ailleurs depuis longtemps dans les compromis de ma mauvaise conscience, je m'étais dit : Au moins je ne laisserai pas finir l'année. M. R. a bien d'autres affaires, je fais bien de ne pas l'ennuyer, mais je ne veux pas qu'il se méprenne.... Hélas, ce moment-ci ne vaut pas mieux que les autres. C'est le pire de tous; car enfin que vous dirai-je, mon Dieu que vous dirai-je de votre pays, de l'Europe entière qui s'en vont? Mes sentiments ont été ceux des neutres en général. J'ai fait des vœux pour que l'agression française soit repoussée. Mais quand j'ai vu que les Allemands étaient partis avec un plan de conquête immuablement arrêté, qu'ils sacrifiaient tout à cette passion, jusqu'à leur propre intérêt, quand j'ai vu comme ils entendaient le droit de la guerre, je les ai pris en aversion et j'ai fait des vœux pour les armées de Gambetta, je les ai même imprimés dans la principale *Gazette de Lausanne* dont je suis devenu collaborateur depuis le mois d'octobre, ne pouvant penser qu'aux affaires : *indignatio fecit versum*. La crise m'a rendu malade quelques jours, je me suis relevé pour prêcher aux Français (pendant le séjour de vos gens parmi nous) de penser à refaire l'éducation savante et morale du peuple, comme condition *sine qua non* de la revanche, plus importante que la revanche elle-même. Et maintenant la guerre civile éclate avant que les Prussiens soient partis, nous brûlons vos enfants dans nos arsenaux[1], nous les écrasons dans nos gares[2], ils sombrent en mer; toutes les fioles des archanges se répandent sur vous, par conséquent sur nous. Je ne mesure plus rien, je vois que les plus sombres prévisions sont constamment dépassées, je ne sais plus que dire, sinon qu'à mon affection personnelle se joint l'amour des Français, nous les aimons tous tendrement et nous voyons avec désespoir que les forces manquent pour accoucher. Notre espérance défaille, mais dans cette crise effroyable, il faut que vous me pardonniez, il faut que je me sente en communion avec vous. Au milieu de toutes ces misères, nous avons eu pourtant une consolation; les semaines que l'armée de Bourbaki a passées en Suisse ont été un temps heureux, très heureux pour toute la population; le seul temps vraiment beau dont il me souvienne, tant le bonheur et l'amusement sont choses différentes. Il n'y avait plus ni catholiques, ni protestants, ni Suisses allemands, ni Suisses

1. L'arsenal de Morges où l'on avait déposé les canons et les armes du corps de Bourbaki interné en Suisse, avait sauté.
2. Un accident de chemin de fer s'était produit près de Colombier, canton de Neuchâtel.

romands, ni radicaux, ni conservateurs, ni puritains, ni libertins, ce pays n'était réellement qu'un cœur et qu'une âme et chacun était surpris et joyeux de se trouver ainsi.

D'ailleurs vos concitoyens étaient si aimables. Aussi avons-nous infiniment plus reçu que nous n'avons donné. Nos derniers accidents et cet abominable soulèvement des rouges sont venus souffler sur cette joie, qui pourtant ne tournait pas trop à la vanité, car chacun savait bien que le nombre des dévouements sérieux était après tout bien peu considérable (hormis chez les populations du Jura). Pour moi je n'ai rien fait, ma femme et mes filles ont cousu, et c'est à peu près tout. Mais j'ai vu tout cela, et sans admirer mon pays, j'y ai pris plus de goût.

Je viens de relire votre dernière lettre (du 21 mai écoulé) si affectueuse, où vous preniez la peine de vous excuser pour un intervalle de peu de mois et où vous m'invitiez à ne pas vous imiter. Je ne sais plus que dire, ni que faire. Ce sentiment me paralyse. Le journal de ce matin annonce que Marseille est parti à l'instar de Paris et de Lyon. Que va faire Avignon? J'ose à peine vous rappeler, pour le moment où l'on pourra songer à quitter son logis, les espérances que vous me permettiez l'année dernière. Mon logement personnel est étroit (par le petit nombre de pièces); mais la maison, quoique meublée, est à moitié vide, et le propriétaire mettrait à ma disposition tous les appartements nécessaires ou seulement désirables. Suivant les dispositions où vous ont mis tous les tristes événements qui se sont accumulés, il vous serait peut-être bon de vous dépayser un moment. Mais je n'ai pas le droit d'insister et je n'ose. J'éprouve en vous écrivant un singulier embarras, dans l'ignorance où je suis du contre-coup que les événements ont eu sur votre intérieur. Après onze mois, je me demande si cette lettre vous trouvera à la Verdette, si en bonne santé, si vivant, si vous n'avez pas de cruels deuils à déplorer. Cette incertitude me ferme la bouche. Je n'ose pas même vous demander de la faire cesser. Je ne vous demande point une lettre dont je ne suis pas digne, un mot me suffirait, mais il est difficile déjà lorsqu'il y a beaucoup à dire de se résumer dans un mot. Croyez seulement que je sens vivement mon tort et que je suis de toutes les forces de mon âme avec vous et avec votre infortuné pays.

En lisant vos objections à ma philosophie de l'humanité, j'ai compris tout de suite que la force me manquait pour y faire droit et que ne pouvant plus rien produire il fallait laisser telle quelle l'ordonnance du volume. Je pensais à imprimer à la fin du volume les objections avec de courtes réponses. Si vous m'y autorisez, je le ferai, et je vous enverrai prochainement la rédaction de ces dernières en y joignant votre feuillet de critique pour vous en rafraîchir la mémoire. Je n'ai pas réponse à tout, mais à peu près.

Faites agréer mes excuses à Mme Renouvier et veuillez me rappeler à l'indulgent souvenir de M. Bouchet et de Mlle S. L'année 1871 s'annonce plus terrible encore que 1870, dans cette effroyable tempête il faut que tous ceux qui ont une idée, une affection commune, que ceux qui s'aiment ou qui se sont aimés, se serrent ensemble. Que ne peuvent-ils agir ensemble! Mais au moins ils peuvent se serrer la main. J'ai prêté votre *Morale* à notre professeur d'économie politique, M. Léon Walras, l'ancien directeur de banque coopérative, dont vous connaissez le nom. Il me semble assez près de vous. Mais qu'est-ce que cela sans un centre, sans un Dieu, et où est Dieu? Dans la religion historique, il semble qu'on ne trouve plus rien de bon. Les Prussiens ont achevé de rendre le Protestantisme impossible et votre Catholicisme me paraît l'obstacle insurmontable à tout relèvement. Et pourtant, il faut espérer, il faut essayer. Adieu; pardon.

CH. SECRÉTAN.

XXI. — *M. Renouvier à M. Secrétan.*

La Verdette, 11/4 71.

Cher Monsieur,

J'ai si souvent eu à me reprocher le crime de procrastination épistolaire, et vis-à-vis de tous mes amis, qu'on ne peut qu'éveiller ma pudeur en s'accusant vis-à-vis de moi. Je vous dirai tout simplement que je reçois avec bien du plaisir des nouvelles de vous, la preuve que rien ne m'est échappé, je ne saurais comment, dans ma dernière lettre qui ait pu vous blesser, et l'expression qui me touche beaucoup de votre sympathie, que tant de choses pourraient diminuer, pour la pauvre France. Vos compatriotes, vous tous, avez été admirables pour ces pauvres recrues qui à leur tour émus [sic] de la réception et du cœur montré, et récemment éprouvés, se seront sentis un peu élevés au-dessus du commun niveau des cabarets de village — où leur éducation se fait, l'Église ne pouvant plus ni peu ni prou se charger de la chose. J'en ai vu de par ici pleurer au souvenir des braves citoyens de Staeffa. La Suisse s'est tout bonnement couverte de vraie gloire; nul pays d'Europe n'aurait fait cela, croyez-le bien. Ce serait le cas pour nous de placer un sincère et senti — sublime alors — Dieu vous le rende!

Je n'aurais pas attendu votre lettre, je l'aurais plusieurs fois provoquée sans l'embarras d'écrire soit longuement, soit courtement sur nos sinistres aventures. Et nous ne sommes pas au fond de l'abîme : il y a toujours à descendre. Comment vous communiquer un jugement? en généralisant beaucoup. D'abord, le croiriez-vous, mon pessimisme ancien et habituel se tourne presque en optimisme. La France est punie par où elle a péché. Elle aurait le droit de haïr et mépriser l'homme prussien, si l'on avait ce droit jamais, il faudrait alors qu'elle haït et méprisât l'homme français de 1792-1815. Après les épreuves présentes, dussent-elles aller jusqu'où il est inutile de dire, ce pays vaudra moralement mieux, beaucoup mieux qu'il ne valait. Il valait et vaut peu. L'empire était plus solide que nous ne l'avons tous pensé. Il ne fallait guère moins que ce qu'il y a eu pour l'abattre : la destruction de son armée et de son prestige. Or nous ne connaissons pas encore tout le prix à payer pour la ruine de l'empire, mais ce prix QUEL QU'IL SOIT ne sera pas trop cher. Quant aux malheurs nouveaux et volontaires qui nous accablent je les vois ainsi : nous assistons au deuxième acte d'une tentative de la classe des travailleurs pour se saisir, au mode subversif, de la direction sociale en France. Naturellement je crois que nous sommes loin d'une péripétie dernière, bien, bien loin à plus forte raison des transparents scéniques, gloire et apothéose. Non, c'est encore en enfer, que nous sommes. Mais la triste contrepartie et la justification logique de ces lamentables phénomènes c'est, c'est la décadence, la corruption de cœur, l'inintelligence des intérêts mêmes (et des siens), l'incapacité politique de la classe bourgeoise. Cela me frappe beaucoup. Je n'aime pas le prussien, oh! non je ne l'aime pas, mais étant ce que je suis, à plus forte raison si j'étais un des fidèles d'Assi et de Billioray, je ne sais si je ne préférerais pas un préfet ou général prussien à une commission de l'Assemblée nationale — non pas à une commission de juges, cela va sans dire, mais d'arbitrage en toutes sortes de matières. Mais où placez-vous votre optimisme, allez-vous me demander? Nous traversons de grands événements. La fin où nous tendons entraînera ou non le sacrifice de l'unité nationale, je l'ignore. Mais cette fin doit être bonne, elle est nécessaire. Heureux les pays protestants! Non pas comme l'entend votre ami M. Tallichet, cependant. A mes yeux, le christianisme (je ne parle pas de son action sur l'âme individuellement, c'est une autre question) a été favorable aux sociétés, comme *conservateur de la moralité*, purement et simplement. Le catholicisme, lui, est destructeur de la moralité, je vois cela avec la dernière clarté. Il faut qu'il périsse ou que la société périsse sous lui. Étant ainsi les choses, il ne faut rien déplorer, que la faiblesse de notre vue et de notre puissance, et peut-être faut-il dire en présence des derniers sinistres, ce qu'a dit celui que vous savez : Ce que tu fais, fais-le vite!

Avignon a été préservé de toute crise par un concours de circonstances favorables et malgré les intrigues de l'un de ses députés — le seul mauvais des cinq (ce n'est pas Gent, devenu sage depuis qu'il a tâté d'une besogne préfectorale). Singulière chose que la paix profonde où l'on vit ici au milieu d'une telle tourmente. Heureusement la vieillesse est une excuse pour ce manque de solidarité. Bouchet ne s'en est pourtant pas contenté, et il a payé sa dette en allant chercher la variole à Autun, auprès de son ami Bossak-Hanké, depuis glorieusement mort.

Nous avons eu pendant six mois l'aimable convivance de M. Pillon, mon collaborateur, qui s'est trouvé hors Paris au moment de l'investissement. Par de longues conversations et lectures communes, nous avons préparé la fondation d'une feuille pour faire suite à l'*Année philosophique* sous le titre de La *Semaine philosophique* : — *politique, scientifique, littéraire*. C'est singulièrement ambitieux, comme vous voyez. Cependant nous n'entendions tâcher de justifier un tel titre qu'en développant des idées de philosophie politique, de philosophie des sciences, etc. On aurait expliqué cela aux lecteurs. Qu'en pensez-vous? Nous voilà remis nous ne savons à quand, il n'y faut pas songer tant que durera la guerre.

Je vous suis bien reconnaissant de votre aimable insistance pour un séjour à Lausanne. Je serais heureux de vous revoir et un peu de visiter la Suisse. Ah! nous nous sommes connus trop tard! à l'époque où l'imagination cesse de se plaire aux voyages, où l'esprit perd de son élasticité, où les infirmités même frappent de tous côtés à la porte de la barraque. Mais vous, resté plus actif, pourquoi ne reprendriez-vous pas, si les circonstances le permettent, l'exécution du plan de tournée que de malheureuses indispositions firent manquer l'autre année? Nous vous aurions encore une fois quelques jours sous notre toit. Je serai ici dès septembre. En juillet ou août je me sens raisonnablement contraint, quoique fort à mon corps défendant, à retourner aux eaux thermales des Pyrénées. Je me suis trouvé bien de Cauterets, mais réellement bien, presque sans que je puisse craindre de me faire illusion à ce sujet, tant l'effet a été grand et inattendu pendant six mois après le retour des eaux.

Parlons maintenant de la *Philosophie de la Liberté*. Je la gardais pour la bonne bouche. Dix feuilles faites c'est l'engagement de finir. Je tiens donc l'œuvre pour terminée et je vous félicite. Vous aurez conduit le monument à sa perfection. Je suis enchanté et je vous remercie du parti que vous prenez de faire mention de mes objections ou plutôt de mes desiderata en notes finales, et d'y faire droit selon ce que vous croyez qu'elles méritent. Ma seule crainte était d'avoir à rédiger formellement des critiques, ne comprenant pas assez le sujet. Mais ce serait parfait si vous vous chargez vous-même de démêler quelque chose dans mes explications épistolaires.

Vous dites *Philosophie de l'humanité*. Croiriez-vous que c'est la première fois que je fais attention à ce titre (si ce l'est) du deuxième volume et à son opposition au titre du premier. *Humanité* est donc le contraire de *Liberté*? Hélas oui, et peut-être qu'il faut être des croyants de la liberté comme nous pour bien comprendre cela.

Adieu, cher ami, recevez l'assurance des meilleurs vœux et souvenirs de tous ceux qui sont ici. On parle souvent de vous, on pense à vous plus souvent encore.   C. RENOUVIER.

P.-S. — Merci pour la propagande faite à ma *Morale*. Est-ce mirage d'auteur? Chaque jour je trouve l'application de mes maximes.

Deux numéros reçus de la *Gazette de Lausanne* m'avaient bien fait présumer votre collaboration, et je vous attribuais un projet d'arrangement pour l'Alsace. Je n'en étais pas content de ce projet qui me semblait cession simulée. Hélas! je doutais encore de la cruelle nécessité.

XXII. — *M. Secrétan à M. Renouvier.*

Les Bergières, le 11 mai 1871.

Cher ami,

Vous amassez les charbons ardents sur ma tête. Je ne saurais vous dire combien votre clémence m'a touché et avec quelle joie j'ai reconnu que le petit arbre tenait ferme en dépit du mistral et du mauvais jardinier. Je me consolerais difficilement que vous ne vissiez point notre vallée et mes enfants, mais je vois bien qu'il faudra épier les circonstances et je ne songe point à compter avec vous. Cette année cependant, il me sera impossible d'aller au Midi, je n'aimerais pas à le faire en automne, d'ailleurs j'ai un garçon qui apprend l'allemand au collège de Zürich, à qui j'ai promis de faire un voyage de vacances avec lui, ce qui m'enchaîne aux pays de langue allemande : ce n'est pas trop de six mois que notre organisation scolaire lui accorde pour acquérir l'usage de cet instrument si nécessaire à toute la suite de ses études. Mais si je suis encore de ce monde aux Pâques prochaines et si... si... nous essayerons. J'ai entrepris, pour le *Compte-rendu* que vous recevez, une tâche assez ingrate : le résumé d'une nouvelle philosophie, la Philosophie de l'*Inconscient* de M. de Hartmann. Cet inconscient, c'est la nature, au sens mythologique, et cette nature c'est Dieu. L'idée n'est pas nouvelle. Ce qui l'est un peu plus, c'est l'intention de la justifier inductivement en s'appuyant sur un dépouillement étendu des sciences naturelles. Sur cet inconscient est fondé un pessimisme à la Schopenhauer. Le monde est bien le meilleur des mondes possibles, mais il vaudrait encore mieux qu'il n'y en eût point. Quant au procédé imaginé par l'auteur pour effectuer la restauration du néant, je ne pense pas l'avoir compris à première lecture, et j'y entrevois une folie tout allemande, plus qu'allemande. Pourtant le livre a fait sensation.

Le 8 juin. Ainsi ma lettre a été interrompue et dans l'intervalle M. Thiers a pris Paris et messieurs les communistes l'ont brûlé. Votre optimisme tient-il encore devant toutes ces horreurs? Me direz-vous que c'est avec la raison qu'il faut apprécier ces choses et non pas avec des sens révoltés? Me direz-vous qu'il est bon que la beauté de Paris ait passé et que le peuple de Paris soit devenu plus odieux que jamais à la province, parce que cela facilitera la décentralisation dont la France a si impérieusement besoin, quoique personne ne se soucie d'y prêter la main lorsque le moment est arrivé? Me direz-vous que la fusion des Bourbons est bonne, que la restauration monarchique est bonne parce qu'enfin, s'il n'y a pas d'amour pour les lois, la République est impossible, parce que la monarchie constitutionnelle est impossible sans un respect religieux pour l'hérédité de la succession, qu'il faut, dans l'intérêt de la liberté

elle-même, secouer la chaîne des temps, ressaisir la tradition,
reconstruire une légalité, reconnaître ses erreurs et revenir sur la
faute de 1830 où pour l'honneur de la charte qui proclamait l'invio-
labilité royale et la responsabilité ministérielle on a chassé le roi
et libéré les ministres? Je serais fort disposé pour mon compte
à écouter ce langage-là, parce qu'enfin on tient toujours plus ou
moins à la vie; mais ce qui m'empêche de reprendre confiance, c'est
le débordement de cruauté et de scélératesse que je vois partout. Je
ne trouve pas le minimum d'idées morales et d'affections naturelles
qui me semble indispensable au maintien d'une société entre
l'athéisme et le fétichisme, je ne vois point d'école populaire qui
entretienne la vie morale et j'en vois de très actives travailler à
l'envi pour la détruire.

Je crois que les tueries ne sont pas finies, que l'industrie va
succomber et qu'à travers quelques années d'Espagne, la douce
France marche très rapidement à la condition de l'Anatolie. Ne
seraient-ce que des fantômes venant de nerfs ébranlés? Le déclin
si rapide qu'il m'a semblé constater n'aurait-il au fond d'autre
cause que l'empire, et l'effet ne serait-il point de nature à survivre à
la cause? Je voudrais me le persuader, mais en réalité je suis horriblement triste, et j'ai beaucoup de peine à me figurer que vous ne
l'êtes pas aussi.

Au milieu de tout cela, je fais mes classes tant bien que mal,
plutôt mal, mais enfin je n'ai du moins jamais été obligé d'interrompre et je vois bientôt les vacances, ou plutôt les examens arriver.
Je corrige un peu machinalement mes épreuves quand il plaît à
l'imprimeur de m'en envoyer. Voici 15 jours qu'il a interrompu sans
que je puisse deviner pourquoi.

Ma maison, de huit personnes en temps ordinaire, se trouve
réduite à cinq par l'absence des principales figures. Ma femme a été
réduite par une maladie douloureuse, des calculs biliaires, à chercher de l'aide aux bains de Carlsbad, et comme sur la route elle a
une multitude de parents à visiter dans son pays, la Bavière, c'est
une absence d'environ deux mois, dont la moitié est passée; mon
seul garçon, le cadet de la famille, est pour quelques mois à Zürich,
apprenant l'allemand; la plus causante de mes quatre filles est en
visite à Berne chez un vieil ami autrefois proscrit et dignitaire de la
Jeune Italie, puis mon collègue à l'Académie de Lausanne il y a
30 ans et maintenant ministre d'Italie auprès de la Confédéra-

tion helvétique[1]. Il fait un froid de chien avec un ciel grisâtre, sans pluie, qui fait beaucoup penser à 1816, mais que j'ai déjà vu depuis, car je l'ai vu, et en 1816 j'avais 18 mois.

Si je ne craignais pas de me donner ainsi une importance que je n'ai pas, même à mes propres yeux, je dirais encore une fois combien je déplore que vous ne vouliez pas venir chez nous et que je ne puisse pas retourner à la Verdette maintenant, d'autant que mon seul moment de liberté sera précisément dans votre saison fiévreuse. Ne pourrions-nous pas au moins nous donner rendez-vous à mi-chemin pour deux ou trois jours? Grenoble, que je n'ai vu qu'en passant, en allant chez vous, m'a paru charmant et les environs inépuisables. J'ose à peine vous sonder sur cette idée-là. Le vrai, c'est que je suis un vieil enfant gâté, que la mort a terriblement fauché mes amis, de sorte qu'il n'y a plus au monde que deux personnes avec qui j'aime véritablement causer, et vous êtes l'une des deux; l'autre est un peu moins éloignée, il est vrai, mais les 12 lieues qui nous séparent ne sont pas le seul obstacle à se voir un peu souvent. Je vis donc dans une tantalisation perpétuelle et je me rabougris dans la solitude et l'oisiveté. De là tous ces projets inquiets. Je n'ai point encore entrepris de répondre à vos objections, il faut que je m'y mette au plus tard dans un mois; si je n'arrive pas à pouvoir répliquer quelque chose de sortable, il faudra bien que je les brûle, malgré l'indélicatesse du procédé, car enfin on ne peut pourtant pas demander que je me démolisse moi-même.

Je suis loin de pouvoir appuyer du poids d'une conviction personnelle arrêtée toutes mes déductions de 1849 (soit 1843-44) et je ne méconnais pas ce qu'il y a de plus que paradoxal à vouloir présenter (dans la dévastation du terrain historique) une doctrine qui s'est constamment présentée elle-même comme supérieure à la raison et réclamant l'expresse intervention d'une autorité supérieure, comme étant en réalité le résultat d'une induction fondée sur les faits naturels et sur les besoins de la raison. Mais enfin, c'est toujours pour moi la meilleure hypothèse, la seule hypothèse recevable : En dépit de ses lacunes et de ses obscurités, elle seule me paraît concilier : a) *la conscience morale* qui veut que la distinction du bien et du mal soit réelle, transcendante; b) *le fait* qu'atteste la prédominance du mal, comme vous l'avez si clairement et si courageusement établi; c)

---

1. Amédée Melegari (1807-1881) avait professé l'économie politique et le droit constitutionnel à l'Académie de Lausanne de 1840 à 1845.

la raison, soit l'*a priori*, soit l'élément mystique de l'esprit humain, le principe de toute métaphysique passée et future qui affirme l'absolu, l'infini, la perfection comme le commencement et la fin, en dépit de tout. Si cette conciliation pouvait s'opérer plus simplement, je confesserais que mes prédilections sont peut-être affaire d'habitude. Adieu, mille salutations affectueuses à vos dames et à notre ami :

   Votre tout dévoué,

                                        Ch. SECRÉTAN.

XXIII. — *M. Renouvier à M. Secrétan.*

Allevard-les-Bains (Isère), Maison Henri Rambaud, 7/8 71.

   Cher ami,

   Un grand obstacle à la fréquence que je voudrais de nos communications épistolaires c'est le nombre et l'immensité des choses qu'il y a dans vos lettres. Les mois se passent pendant lesquels on pense bien souvent et à ce que vous avez écrit et puis à vous et à ce qui vous intéresse, on répond mentalement des bouts de lettres, mais de là à entreprendre l'œuvre d'une lettre digne de ce nom, qu'il y a loin! Aussi j'y renonce encore pour aujourd'hui, mais je me reprocherais toujours d'être venu à cette demi-distance de votre vallée dont vous parliez comme pouvant sous certaines conditions amener une rencontre de quelques jours entre nous, et de ne vous avoir pas prévenu. Sachez donc que me voici à Allevard depuis quelques jours et que je compte fermement y rester encore une quinzaine au moins. C'est l'état toujours fort piètre de mon larynx et aussi celui de mes muqueuses intestinales qui m'y a conduit. Tout ce que je peux prendre sur moi c'est d'opérer ainsi une transplantation de ma personne pour un temps avec mes habitudes, malle faite et défaite et puis rien de changé, point de voyage proprement dit, point de visites, toujours exacte solitude. Cette humeur sauvage, égoïste ou timide, je le sais bien, fut toujours la mienne, et je ne suis, hélas! pas près de m'amender à mon âge. Vous me pardonnerez d'être venu si près de vous sans pousser jusqu'à vous, n'est-ce pas? Mais vous qui voyagez sans peine, qui aimez même à voyager, venez voir cette belle vallée d'Allevard, vous me rendrez bien heureux. Il y a des gens qui connaissent vos cantons et qui disent que les endroits d'ici sont encore fort beaux après la Suisse. Je sais que vous avez plusieurs devoirs à concilier, et vos vacances sont-elles seulement bien commencées? Cependant j'espère.

L'impression du second volume de la *Philosophie de la Liberté* doit être très avancée? Il me tarde bien de lire attentivement ce que je n'ai que si rapidement aperçu, car je n'ai eu la première édition entre les mains que vingt-quatre heures peut-être. Quant à mes objections et à vos réponses, j'y tiens naturellement. Toutefois ma faiblesse de curieux ou de sceptique, mais de sceptique intéressé j'entends, sur de certains sujets est telle, que ce qui est pour moi de l'attrait le plus grand c'est le développement franc et ouvert, aussi loin poussé que possible, du point de vue qui vous est propre. Vous n'aurez pas manqué de donner du jour à des parties de votre cos-mothéodicée qui m'ont paru environnées de nuages. Mais après tout c'est peut-être moi qui projette l'ombre en avant...

A quand la publication de l'analyse de la *Philosophie de l'incon-scient?* Je m'en fais une fête, malgré la tristesse que m'inspirent ces sortes d'élucubrations. Mais il y a des questions de psychologie mêlées à cela qui m'intriguent. Je voudrais savoir comment ces Alle-mands les entendent. Quant à la doctrine bouddhiste, malgré ce qu'elle a certainement de puissant et de saisissant, je crois qu'elle peut faire office de repoussoir et conduire par réaction des âmes à voir avec plus de faveur des explications de la nature analogues à la vôtre. Après tout le choix entre les systèmes n'offre pas de bien nombreuses alternatives. Combien y en a-t-il, là, au vrai, pour un esprit perspicace et une conscience noble?

Mon optimisme se continue malgré les malheurs arrivés et les maux pires que je crains de prévoir. Mais c'est l'optimisme d'un pessimiste! Ce n'est en tout cas point celui d'un patriote. La France révolutionnaire s'est plusieurs fois perdue et semble impuissante à aboutir. La France catholique est en résultante la France, pour celui qui la prend de 1572 à 1871. L'abaissement de cette France là est un bien. Les événements ecclésiastiques de ce temps le démontrent clairement. L'abaissement de la France napoléonienne est un bien aussi. De quoi donc avons-nous à nous plaindre? Autre chose main-tenant, la question de l'ouvrier et du bourgeois, mais elle est euro-péenne celle-là, ou le deviendra. Nos misères sur ce chapitre ne sont peut-être qu'une anticipation des futures misères de l'Allema-gne et de l'Angleterre.... Enfin, au pis-aller, la France périrait comme nation. Cela ne m'empêcherait pas de me flatter d'être français plutôt que prussien. Nous serions ici ce que nous sommes, un peu meilleurs que des pharisiens. Enfin pour tenir beaucoup aux nations, et à la mienne, il faudrait que j'aimasse et estimasse leurs œuvres. Mais je ne connais pas de *bon peuple, quatenus peuple*, et il peut y avoir chez un peuple perdu plus de *bons individus* que chez un peuple heureux. Est-ce assez chrétien, ces sentiments-là?

Adieu, cher ami, ma femme qui est avec moi se rappelle à votre bon souvenir, et moi je vous serre bien affectueusement la main par-dessus ces montagnes que je vois.

C. RENOUVIER.

P.-S. — Nous sommes à Allevard dans des chambrettes à bon marché où la bonne que vous connaissez fait bouillir la popotte et nous nous trouvons suffisamment bien.

XXIV. — *M. Secrétan à M. Renouvier.*

Les Bergières-sur-Lausanne, 19 mars 72.

Cher ami,

Je relève de maladie. Mon deuxième volume est enfin sorti de presse, mais j'ai eu peine à corriger seulement les épreuves, sans pouvoir utiliser les annotations que j'avais mendiées et *que* vous aviez accordées à mon importunité. Je vous enverrai personnellement le volume dès que je posséderai votre adresse effective; ce billet a pour objet de m'en enquérir. La part active que vous prenez à la rédaction d'un journal hebdomadaire m'a fait soupçonner que vous étiez retourné à Paris, sans m'en donner la certitude. Je vous remercie vivement pour l'envoi de ce journal dont le premier numéro est arrivé juste au moment où je pouvais reprendre pour la première fois une lecture tant soit peu sérieuse, je vous prie de faire tirer sur moi ou de me dire comment je dois payer, ma position devant être celle d'un abonné. Je sympathise avec votre publication dont l'annonce dans le *Compte-Rendu* [1] sera une éclatante dérogation de celui-ci à la règle de ne parler que des publications en langue étrangère. J'enverrai mon volume à la *Critique philosophique* par l'éditeur et je recommande à votre attention la préface et la conclusion.

La première leçon est aussi ajoutée et résume le premier volume

1. 1873. p. 175.

en visant plus ou moins la philosophie et la critique postérieures à la première édition. Quant au corps du volume, il y a beaucoup de retouches et d'additions, quelques suppressions, pas de changements essentiels.

Je vous serai infiniment obligé si vous trouvez un moment pour me donner en bref de vos nouvelles, et aussi si vous pouvez m'indiquer vos projets pour cet été.

Il aurait été charmant d'aller vous trouver à Allevard si cette vilaine maladie n'était venue à la traverse, mais jusqu'à l'automne je ne ferai que me soigner dans l'espoir de reprendre mes cours en octobre, de sorte que je pourrai aller un peu où je voudrai, et je serais désolé que l'année s'écoulât sans que nous nous soyons rencontrés.

Je suis encore trop chétif pour m'engager dans une conversation sérieuse et pour vous envoyer autre chose que mes félicitations et mes meilleures amitiés.

CH. SECRÉTAN.

XXV. — *M. Renouvier à M. Secrétan.*

La Verdette, 23/3, 72.

Mon cher ami.

J'ai été d'autant plus heureux de recevoir ainsi de vos nouvelles que j'avais appris chez M. Rey à Avignon que vous n'étiez pas bien portant et j'étais inquiet, ne sachant au juste, on n'avait pu me le dire, à quel point vous tenait la maladie, si vous pouviez travailler, si je devais vous écrire au risque de vous imposer une fatigue. Soignez-vous, cher ami. L'étoffe est forte, et solide chez vous. Vous vous devez et vous nous devez de la faire durer encore longtemps. J'attends le second volume de la *Philosophie de la Liberté.* Vous pouvez l'envoyer ici. J'en rendrai compte avec une plus profonde sympathie que ne ferait Pillon. Il partage mes sentiments quant à votre personne, et ma manière de voir quant à votre talent, mais il ne croit sans doute pas comme moi à l'existence d'un fonds de réalité là où sont dirigées vos fouilles. Il y a longtemps que je pense que le véritable problème de la nature physique réside dans l'histoire de la vie morale universelle. Seulement, vous savez, je regarde comme à peu près impossible de toucher juste dans nos hypothèses concernant cette histoire dont nous ne savons par expérience absolument rien avant l'humanité et avant une certaine époque de l'humanité. C'est la thèse critique que je tâcherai d'exposer contre vous, vous philosophe.

Je ne pourrai peut-être pas éviter tout à fait d'aller à Paris. Cependant je m'en suis dispensé jusqu'ici, grâce au caractère de généralité que je donne à mes contributions à la *Critique philosophique*. Il était impossible d'avoir quatre abonnés sans faire de la politique, tout le monde me le disait. Mais j'éviterai de faire de celle qui expose le journaliste à des démentis à courte échéance.

Il faudra nous faire savoir à temps où nous comptons porter nos pas en vacances. Je n'ai encore absolument aucune idée arrêtée pour mon compte, si ce n'est celle de m'absenter d'ici de juillet à septembre. Certainement aussi j'irai boire quelque part de l'eau sulfureuse mais où? et certainement je rentrerai en septembre à la Verdette où vous me trouveriez toujours si le climat du Comtat ne vous effrayait pas et où je serais bien heureux de vous recevoir encore.

L'exception que vous me promettez dans le compte-rendu me ravit et m'honore. Y verrons-nous paraître le travail dont vous m'avez parlé sur ce nouveau bouddhiste allemand dont j'ai oublié le nom? Votre maladie et les épreuves à corriger vous ont-elles permis de le terminer?

Adieu, cher ami, il me tarde de revoir, et mis à neuf, ce volume que j'ai si peu connu.

Je vous embrasse de cœur.   C. RENOUVIER.

XXVI. — *M. Secrétan à M. Renouvier.*

Les Bergières-sur-L., 19 avril 1872.

Cher ami et maître,

Il n'était pas du tout question pour moi de travailler de juillet à février passé, ma tête se refusait à toute attention, ma main aux mouvements de l'écriture, je n'ai vécu que de romans anglais depuis le moment où j'ai été assez calmé pour pouvoir en lire, mais depuis six semaines environ j'ai pu recommencer et j'ai remis hier au *Compte-rendu* l'abrégé de la *Philosophie de l'Inconscient* [1] que vous me rappelez. L'abrégé fera sans doute un peu tort au livre dont le

---

1. *Revue de théologie et de philosophie*, Lausanne, 1872, 1er art., p. 219 et suiv.; 2e art., p. 345 et suiv. Ce travail a été reproduit dans le volume intitulé : *Essais de philosophie et de littérature*, Lausanne, Payot, éditeur, 1893.

grand succès en Allemagne est dû à l'abondance d'arguments puisés dans les sciences naturelles et que j'ai dû retrancher presqu'entièrement pour ne laisser subsister que la série des thèses. Celles-ci vous intéresseront, j'en suis assuré, comme elles m'ont intéressé moi-même. La *Philosophie de l'Inconscient* nous touche tous deux, parce que c'est un pessimisme avec de grandes intentions de fidélité à l'expérience. Elle vous vise particulièrement par l'emploi du principe de contradiction et de l'argument du nombre infini. Cependant il n'ose pas aller jusqu'au commencement absolu. Il s'en tire par une distinction que vous n'avez pas mise en aussi grande lumière, mais que je ne puis m'empêcher de vous imputer aussi : la distinction entre l'essence et l'existence. L'essence est éternelle en tant qu'essence, éternelle, c'est-à-dire intemporelle, mais elle peut exister ou ne pas exister, choix qui est celui de la liberté absolue (attrape !), c'est-à-dire (attrape !) du hasard absolu, de l'absurdité absolue. Dans l'essence, nul mouvement, nulle pluralité, nul temps et par conséquent nul infini actuel.

Par l'idée que le fondement de l'existence est un acte qui doit être corrigé, révoqué même et contre lequel le mouvement universel de la nature et de l'histoire est une réaction, l'auteur se rattache à J. Boehme et Schelling. Il parle exactement le même langage que votre ignorant ami quand il s'agit d'identifier la substance des choses et l'acte de volonté qui les produit, tandis que dans sa manière de concevoir le *processus* il est complètement Hegelien. Pour la simple métaphysique il serait à certains égards entre nous deux, mais il me semble s'écarter également et de l'un et de l'autre par une certaine frivolité toute berlinoise qui m'empêche de le prendre bien au sérieux, comme je n'ai pas pu prendre bien au sérieux Schopenhauer (que je n'ai pas lu dans le texte) parce qu'il me semble que ces gens-là ne sont pas bien solidement convaincus eux-mêmes de la vérité et de l'importance de leurs idées.

Suivant lui les idées morales n'ont qu'une valeur relative, tandis que le plaisir et la souffrance en possèdent une absolue, étant perçus par le sujet unique de l'Univers, par l'esprit inconscient, le même en tout être : telle est la crudité de ce panthéisme et le fondement de ce pessimisme, l'expérience montrant que la quantité de douleur a toujours été supérieure en proportion progressive et le raisonnement établissant que cette progression doit se maintenir et se fortifier jusqu'à la fin éventuelle, par les progrès mêmes de la civilisation, etc.

Je déteste cette subordination des idées morales sans avoir, il le faut confesser, aucun argument en forme pour la réfuter. Je ne puis me départir du critère moral, tout en voyant bien que la conscience morale est un produit de l'histoire, première difficulté pour moi.

Une fois la valeur absolue de l'Idée morale admise au sens de Kant en dépit de ces objections, je la transporte forcément à la cause première, une fois la cause première accordée, et je conçois très bien que les penseurs dont la logique ne peut pas s'accommoder d'un Dieu moral, identique au bien moral, préfèrent n'avoir point de Dieu du tout, ni de Cause première d'aucune sorte. Et je conviens de mon impuissance à élever d'une manière rationnelle, sans arbitraire, les notions morales à la puissance de l'Absolu de manière à les appliquer p. ex. au Dieu solitaire, conçu avant toute création. — Aussi bien n'ai-je rien tenté de semblable et la doctrine de M. de Hartmann le Berlinois, savoir que l'origine du monde est un hasard absolu, se retrouve au fond chez moi sous une forme plus voilée, plus réservée et qui me semble meilleure. Ma série d'idées est la suivante : Le bien moral possède une valeur absolue, *hoc est primum certissimumque principium*, un principe dont les objections logiques, historiques, etc., ne me feront pas me départir. C'est la loi de ma volonté, et j'y adhère avec ma volonté. Sur ce point je ne veux pas entendre raison et je ne désespère pas de faire entendre raison à la raison elle-même, hormis à la raison corrompue et berlinoise.

2° Le bien moral ayant une valeur absolue il s'ensuit que c'est lui qui plus que toute autre chose est propre à diriger notre pensée vers la propre nature de l'absolu et vers la Cause. Le Bien moral ne peut pas être une nature, il y aurait là contradiction ; mais le bien moral est l'indice, le témoignage de ce que l'absolue liberté veut être à notre égard, de ce qu'elle veut que nous en sachions, de ce qu'elle veut que nous en pensions. Autrement : Le transcendant est transcendant, notre expérience limite notre science, nous ne comprenons que ce qui est proportionnel à notre organisation, à notre degré. Nous ne savons donc point ce qu'est Dieu, mais nous savons (si nous voulons) que ce qu'il y a de plus divin dans le monde, c'est l'existence morale des êtres humains.

Ceci admis, nous ne pouvons pas admettre que l'univers soit le résultat d'une bêtise. Il faut au contraire *a priori* que le monde en tant qu'œuvre de Dieu soit bon au fond et que finalement l'optimisme l'emporte.

Quant au Christianisme, la valeur en résulte à mes yeux de sa substance morale, telle qu'on la trouve non dans les institutions de l'Église, mais dans le Nouveau Testament, savoir : 1° l'*humilité* croissant dans l'individu en raison de ses progrès moraux positifs. Le besoin de grâce soit d'intégration et de réunion constante au tout. — Nous ne sommes que des manifestations plus ou moins altérées et refroidies de la volonté initiale, des instruments et des matériaux pour la construction du grand temple, du grand tout.

2° La *Charité*, savoir l'identité du bonheur et du dévouement, la subordination de soi-même à l'unité, l'affirmation de l'unité dans le futur dans l'*existence*, par la pratique, comme l'humilité est l'affirmation de l'unité dans l'origine, dans l'*essence* par la conscience.

Ainsi Humilité, Charité, négation du moi dans le sens absolu, négation du moi comme but. Mais notons bien ceci ! Si le moi n'est pas le but, il est le moyen indispensable et universel, s'il n'est ni le commencement ni la fin, il est le *milieu*, c'est-à-dire le *présent*, le moi; c'est-à-dire le droit, la justice, la liberté politique, etc., etc. De l'unité essentielle à l'unité déployée par la pluralité, par *la liberté des individus*, c'est la formule logique élevée à sa vraie puissance, transportée dans son vrai domaine, dans le domaine des réalités morales et des faits véritables. Mes deux objections à la nouvelle philosophie sont donc : 1° que je ne puis pas faire abstraction de l'ordre moral, quoique je ne possède aucun moyen de manifester logiquement ce qui dans l'absolu correspond à l'ordre moral; 2° que je ne puis pas accentuer l'opposition de la puissance et de l'acte, de l'essence et de l'existence jusqu'au point de concevoir un être subsistant en pure puissance, sans aucun acte, n'existant d'aucune manière. Pour moi, je l'avoue, l'opposition de la puissance et de l'acte ne concerne que les modes, les modes en puissance subsistant en puissance dans un sujet qui (à d'autres égards) est un acte, comme le chêne est en puissance dans le gland qui est un acte, etc., etc. Je ne comprends donc pas ce *prius* de l'univers, ce non-être dont sort l'être. Moins encore comment la puissance pourrait sortir de la puissance et passer en acte.

Retenu par la goutte, par un gros catarrhe, par les retours d'hiver, par la maladie d'une jeune nièce qui vient de mourir laissant des parents désolés, je n'ai pu m'éloigner encore et maintenant je ne puis pas me décider.... J'ai failli aller vous voir un peu brusquement vous sachant à la Verdette et tout danger de ce côté n'est pas absolument éloigné de vous.

Les meilleures eaux sulfureuses pour boire en été sont celles de Loëche en Valais — nous en avons d'autres réputées; Stachelberg, canton de Glaris, passe entr'autres pour un charmant séjour. Mais si vous vous êtes *très bien trouvé* d'Allevard, pourquoi ne pas retourner à Allevard, c'est à deux pas de chez nous.

Vous serez bien désappointé en lisant l'annonce de votre journal, une pauvre annonce de librairie sans aucune appréciation... et pourtant l'intention en était bonne, je vous assure.

Mes respects à Mme R., à Mlle S., à M. B.

Je suis avec vous en esprit bien souvent.

Adieu. Votre tout dévoué,

CH. SECRÉTAN.

XXVII. — *M. Renouvier à M. Secrétan.*

Verdette. 26/4, 72.

Cher ami et maître.

Je vous donnerai du maître aussi, *o toi chef, moi chef*, disent les Kabyles, et il en sera ainsi jusqu'à ce que le vrai Rabbi vienne; mais au fait, j'ai moins de droits au titre que vous, parce que je *sais* moins de choses. Nous avons mêmes instincts, mêmes sentiments, mêmes principes moraux en tout ce qui est sublunaire, même méthode aussi pour tenter de franchir l'atmosphère. Seulement vous croyez un peu l'avoir franchie, et vous planez comme en rêve, tandis que je me sens du plomb dans l'aile — soit par le tir du vieux chanteur, soit par pesanteur naturelle. Ce que vous enseignez, donc, maître, je le croirais bien aussi. Ce qui m'empêche se réduit à deux points : a) je ne puis concevoir la liberté absolue et l'ante temporel, ce que l'on poursuit sous ce nom, que comme une limite négative. Le positif hors du temps est inintelligible pour moi. De là mon criticisme. Essence sans existence. J'ignore ce que c'est, à moins que ce ne soit l'essence qui n'existe pas, comme par à mon idée de ce qui n'est rien. b) Je répugne à l'unité dans laquelle plusieurs consciences entreraient en perdant ce que je sens de caractéristique en ma conscience. Sur ce second point notre divergence va peut-être au-delà de la logique et jusqu'au fond des sentiments.

J'aurais été vivement sollicité en mon vieux cœur de métaphysicien de répondre plus longuement à votre belle lettre bourrée de métaphysique. Il faut que je me borne, étant devenu un homme occupé. Qui me l'eût dit?

Oh! que vous jugez bien cette frivolité berlinoise; j'abhorre comme vous ces allures méphistophéliques qu'ils aiment à se donner. Ce sont des *esprits*, mais *méprisables*. Je crois bien que Hegel lui-même avait quelque chose de ce mauvais cœur.

Cette *Philosophie de l'Inconscient* ne m'intéresse que plus. Le vrai bouddhisme était bon, est encore bon, pétri de charité. Ces gens-là sont donc des méchants? Faudra-t-il que dans le cours du processus, des gens de Ceylan ou de Ning-Po viennent apporter à l'occident, vers la fin des temps, le bouddhisme vrai que ces allemands nous défigurent, nous salissent.

Votre compte rendu sera-t-il pour le prochain volume du *Compte-rendu*? je crains de l'attendre quelque temps.

Je suis enchanté des deux pages que vous avez bien voulu y mettre en faveur de la *Critique philosophique*. C'était bien tout ce qu'il fallait, et c'est une grâce puisque nul francisant n'a droit à la plus simple mention.

Il faudra que vous m'accordiez du crédit pour l'article (ou les articles) que j'entends faire sur le 2ᵉ volume de *Philosophie de la Liberté*. J'en ai entrepris la lecture la plume à la main et je suis souvent dérangé. Mais je n'entreprendrai aucun compte rendu de quelque importance avant d'avoir fait le vôtre. Ceux que vous allez voir défiler sur Delaperche, Lachelier et Ausonic sont faits depuis quelque temps. Aussi les articles que vous verrez sous le titre de *Revision de jugements littéraires* : *M. Guizot*. Je me donne de la peine assez et je suis souvent malade. J'ai des accès de vertige suivis de vomissements, sans cause appréciable, qui me font beaucoup souffrir, m'obligent au régime le plus serré, me causent de cruelles appréhensions de retour du mal et menacent de me rendre les voyages plus à craindre que par le passé.

Pourquoi je ne retournerai pas à Allevard? Mais c'est que je ne crois pas que la médecine soit en état de définir sans charlatanisme les spécificités menues des eaux en rapport avec celles des malades. Il y a seulement quelques *genres* des unes qui conviennent à des genres des autres. Le genre sulfureux est pour moi le bon. Je le trouverais à Aix ou à Luchon comme à Allevard et avec plus de plaisir et de ressources à la station. Je pense fort à Aix, et dans ce cas, j'espérerais vivement vous y voir. Avant ce temps je voudrais bien faire une promenade à Paris. Mais le vertige stomacal !

Tenez-moi bien au courant de vos démarches, comme je ferai des miennes à moins que vous ne préfériez me surprendre ici même un de ces jours, ce qui serait bien beau.

Vives amitiés de tous ceux d'ici, Bouchet excepté qui est à Paris au Congrès phalanstérien.

Adieu, votre parfaitement dévoué,

C. RENOUVIER.

P.-S. — 1° De ces romans anglais que la maladie vous a fait lire, s'il y en a en traduction française vous seriez bien aimable de me transmettre les titres des bons. Est-ce du G. Elliot? je n'en connais point encore et ne sais bien s'ils sont traduits. J'en suis toujours à Dickens et à Thackeray, encore n'ai-je pas tout de ce dernier.

2° Ai-je bien compris que vous vouliez pousser la munificence jusqu'à faire remettre un exemplaire aussi pour le bureau de la *Critique philosophique* chez Germer Baillière? Il y a quelqu'un à Paris qui serait très heureux de cela. Mais seulement si j'ai bien compris; que ce soit entendu.

XXVIII. — *M. Secrétan à M. Renouvier.*

Les Bergières, 6 nov. 1872.

Ainsi, cher ami, tout ce zèle que je montrais cet été pour obtenir un rendez-vous, il aboutit à négliger les devoirs les plus élémentaires de la reconnaissance et de la politesse. Voici deux grands mois que je ne vous ai point remercié de vos beaux articles[1]. Pardonnez-moi, pardonnez-moi chrétiennement, gratuitement, sans égard à la justice. Je n'ai aucune excuse valable à alléguer, j'ai eu le temps tous les jours et j'y ai pensé tous les jours, je vous ai déjà fait dans mon esprit des compliments et des répliques par centaines. A défaut d'une bonne excuse, je produirai les mauvaises. Et d'abord, une confiance en vous sans réserve à côté d'une confiance exagérée en moi-même, la persuasion que vous ne pourriez pas douter de mes sentiments et que de l'un à l'autre les formes n'entraient point en compte. — Détestable refuge de l'indolence, étant pour ma personne

1. *Critique philosophique*, 1872, t. II, pp. 72, 121 et 222.

aussi susceptible qu'un autre et plus que de raison, mais enfin cela suffisait pour amortir la pointe de la conscience.

Mais le cœur? l'impulsion naturelle? Ici rappelez-vous que je sors de maladie et que l'attrait des questions à débattre se complique d'une sorte de terreur, la philosophie m'abandonne par faiblesse cérébro-spinale, par l'impuissance de concentration, même courte, à plus forte raison prolongée. Je me jette pour distraction dans le plus vulgaire journalisme. Je ne vous comprends pas de tout point, je ne me comprends plus moi-même. Pour répondre convenablement à vos critiques, il aurait fallu un travail devant lequel j'ai reculé, maintenant j'y renonce. Je ne vous dirai pas ce que le sujet demande, je vous dirai seulement le peu que j'ai dans l'esprit.

Et d'abord, merci encore pour l'attention que vous m'avez accordée. Merci pour vos critiques au gros desquelles je souscris pleinement moi-même. Il est clair que les tentations pour sonder l'état primitif ne devaient pas aboutir.

Cependant je trouve que vous allez loin dans votre manière de combattre cette thèse générale, *l'unité foncière de l'humanité*. J'aurais même voulu vous demander la permission de me défendre ou de m'expliquer en très peu de mots dans *la Critique*. Mes amis m'ont assuré ici que vous y consentirez avec plaisir et là-dessus je me suis rendormi. — Il est vrai que dans une intention de propagande j'ai prêté ma collection et que je ne puis plus citer textuellement le passage auquel j'objecte. — C'est celui dans lequel vous dites qu'il n'y a pas de raison pour que la loi de s'entr'aimer n'ait pas été imposée à des êtres différents d'origine. — C'est très bien pour vous qui avez écarté sommairement toute question relative aux commencements ou plus généralement renoncez à tout savoir théorique et même à toute opinion — Mais aussi longtemps que le sacrifice n'a pas été consommé, aussi longtemps que l'esprit ne s'est pas interdit de chercher à se comprendre lui-même, aussi longtemps que la question d'essence reste posée (avec si peu d'espoir que ce soit d'obtenir une solution) — aussi longtemps il faudra chercher une méthode pour passer du phénomène à l'essence et dans ce cas quelle méthode plus sûre que celle qui prend son assiette dans l'impératif, du moment qu'on a constaté l'existence d'un impératif? L'idée que je ne me lasse pas d'exprimer, c'est que, s'il y a un ordre, la loi doit correspondre à l'essence, que la loi est l'expression même de l'essence et que par conséquent l'essence humaine se traduit par le devoir.

En effet, l'être libre se fait ce qu'il est, mais il ne travaille pas à l'aventure, il est muni d'un programme qu'il peut suivre ou dont il peut s'écarter. (L'existence de ce programme est à mes yeux la preuve d'un Dieu créateur, bien que je repousse absolument l'accusation banale d'hétéronomie et précisément parce qu'il ne s'agit pas d'un maître quelconque, mais du créateur, que l'établissement de la loi est non seulement simultanée mais identique à la manifestation de l'essence, de sorte que l'opposition entre l'autonomie et l'hétéronomie de la volonté n'a réellement pas de portée et d'application à mon point de vue, tout simple qu'il soit; elle est formellement dépassée.

Nous disions donc que, s'il est une loi, et s'il est une essence (or vous ne contestez pas la loi et je n'entends pas bien votre négation de l'essence, je n'entends pas ce qu'on voudrait dire en posant que la nature humaine n'existe pas), s'il est une loi et s'il est une essence, la loi ne saurait contredire l'essence, mais l'observation de la loi est la réalisation de l'essence. La formule de la loi ne pouvant être que celle-ci : Réalise (librement) ton essence, ton idée, ta destination (autant de synonymes). Je ne puis considérer la fin d'alinéa de votre critique en sens contraire à ces propositions que comme un abus de méthode et presqu'un excès de langage.

Aussi bien le sérieux de votre pensée ne va-t-il pas là. La vraie critique porte sur le contenu de la loi elle-même. Vous ne voulez pas du dévouement, de la charité, du sacrifice qui constituent l'unité. Vous voulez la justice, garantie de la liberté personnelle de chacun et la mutualité des offices. Mais ici je crois que le différent repose sur un malentendu tenant aux habitudes de langage et à l'opposition des prédilections, malentendu qui me semblait presque levé. En effet, n'étions-nous pas à peu près d'accord sur ce point : que l'observation de la vraie justice impliquant de la part de l'individu qu'il triomphe de son égoïsme, non seulement dans la mesure nécessaire à réaliser la justice qu'il aperçoit, mais aussi dans la mesure nécessaire pour faire passer la ligne de la justice par les mêmes points où l'aurait fait passer un tiers impartial, l'erreur inséparable de l'égoïsme ne peut être contre-balancée que par une autre affection, de telle sorte que votre justice étant abstraite et irréalisable sans l'amour du prochain, renferme l'amour du prochain dans sa notion. Tout ce qu'il me resterait donc à faire pour gagner mon point, serait d'établir que réciproquement la conception de la charité renferme la justice et le respect de soi-même dans sa notion. Il paraît que j'y ai mal réussi, puisque la façon dont j'envisage l'individualité vous paraît contradictoire ou peu s'en faut. Je vous abandonne de grand cœur les noyaux de cristallisation, comparaison n'est pas raison, — mes raisons sont dans ma méthode.

L'unité que la charité tend à produire et que la loi de la charité nous montre par là même, constitue cette essence de l'humanité qu'on ne peut apparaître que dans la réalisation adéquate de l'humanité à la fin par conséquent. Cette unité est une unité *morale*, Monsieur et cher ami, une unité de liberté, *produit* de la liberté, *consécration* de la liberté, car si l'homme doit se réaliser en tant qu'*un*, il doit aussi se réaliser en tant que *libre*. — Et, de plus, ces deux qualités ne se séparent pas, il n'est pas un naturellement sans son fait, et libre par son fait comme l'individu normal de votre philosophie judiciaire. Non, il est virtuellement l'un et l'autre pour réaliser ensemble lui-même, son unité et sa liberté. — Et c'est déjà le cas dans l'individu physique. Celui qui n'a pas réalisé librement son unité, ne la possède pas, il reste déchiré par des inclinations contradictoires (je connais ça). Ainsi donc unité et liberté, rien de semblable au prosélytisme par contrainte, au gouvernement paternel, à la hiérarchie catholique, tout autour d'affreuses caricatures qui pensent réaliser la charité sans la liberté. — Mais concours résultant de la libre volonté des individus, soutenue, contrôlée et limitée par un gouvernement (planétaire si vous voulez, mais libéral avant tout et sans autre occupation que de faire respecter le droit cas échéant).

Cette unité serait donc celle d'une association de bienfaisance, d'une Église libre ou d'un éternel *pique-nique* pour emprunter mon dernier trait à ce Fourrier transfiguré qui apparaît comme un astre au ciel de la *Critique philosophique*. Cette unité est impossible sans la liberté de chaque membre et pour tous la justice.

Adieu, cher Monsieur, ne m'en veuillez pas de mes impertinences, je vous parle comme à un frère, vous aimant comme un frère.

CH. SECRÉTAN.

XXIX. — *M. Secrétan à M. Renouvier.*

Les Bergières, le 16 nov. 1872.

Pour le coup je ne veux pas tarder à vous remercier de votre troisième article qui m'est parvenu aujourd'hui même. Je suis vraiment
touché de la peine que vous prenez pour faire connaître mon point
de vue à un public auquel il serait resté sans vous complètement
étranger. Je le répète, je suis d'accord avec le plus grand nombre de
v os critiques, si j'étais en état de recommencer, j'y aurais égard.
Permettez-moi de vous demander positivement, non pas si vous
consentiriez (j'en suis à peu près certain d'avance) mais si vous
trouveriez quelque avantage et quelque plaisir à m'accorder une
page environ pour justifier mon argument concluant de l'unité
finale, unité morale, unité par la liberté à l'unité primitive, naturelle, originelle d'après la maxime que la loi étant nécessairement
conforme à l'essence *peut servir* de méthode pour découvrir
l'essence.

Dans le cas seulement où il en serait ainsi, je pourrais vous
témoigner publiquement ma reconnaissance. Peut-être toucherai-je
aussi un point du dernier article p. 232, 2ᵉ alinéa : *C'est plutôt*, etc.
Je ne crois pas que la *tradition de la Réforme* m'ait égaré dans le
fond ; mais peut-être que le désir d'accommoder ma langue à celle de
l'orthodoxie m'a fait prendre le mot *grâce* dans un sens qui prête à
mal entendu. A toutes les questions que vous posez dans l'alinéa, je
réponds *oui* et je crois que le livre répond *oui*. La grâce n'est qu'un
secours, le concours de la volonté humaine est nécessaire pour son
efficacité, etc.

Seulement rappelons toute la série des idées : l'homme ayant
péché serait naturellement privé de la liberté de choix, ayant
revêtu une nature, une détermination. La présence en lui de la
liberté de choix nous fait comprendre que cet effet du péché est
neutralisé par un contre-poison, par un acte de Dieu. Dans l'histoire,
dans la vie actuelle, la liberté de choix que nous trouvons régner
en fait, est elle-même une grâce, la vraie grâce, c'est là l'essentiel
de ma théorie. — Qui sait (p. 234) si tous les corps ne formeront pas
un seul corps, etc. Je ne comprends pas la question, ces catégories
d'un et de plusieurs me semblent insuffisantes, ce qui est un dans
un sens est multiple dans l'autre. Aujourd'hui même *l'unité de mon*

corps est toute relative, dans un sens il est multiple (vie cellulaire, etc.), dans un autre il n'est qu'un fragment (sexualité). De plus cette question est secondaire. L'idée est simplement celle d'une société *positive* dont les membres s'*aimant* et se *comprenant* travailleront à un but commun.

Sur l'impuissance du Christianisme j'aurais fort à dire : Où est le X? Le vrai X est très rare, mais là où il se trouve, il produit de très grands effets, des effets prodigieux, lorsqu'on les compare au petit nombre des agents, à la faiblesse de leurs moyens, etc. Voyez, par ex. : Port-Royal.

Voilà ce que j'avais à dire. Sur d'autres points, la politique, les devoirs exigibles, la justice, etc. j'ai déjà répondu dans ma précédente lettre. Toute ma thèse revient à dire : Que pour faire régner la justice, une justice relative, pour échapper à l'ordre actuel qui par une loi fatale, loi physique assez semblable à celle qui veut que les corps se déposent suivant leur pesanteur spécifique, amène les hommes les moins scrupuleux et les plus durs au gouvernement de de la société; pour amener quelque chose qui ressemble de loin *à ce que vous entendez vous-même comme l'ordre et le bien*, il faut infuser dans la société une forte dose d'humilité et de charité, les deux vertus chrétiennes. Vous n'avez rien contre l'humilité, vous croyez seulement avoir des objections à la charité. Vous diriez respect de la justice, respect du devoir, mais l'objet de ce devoir, sa forme concrète, c'est le prochain, pour être juste envers le prochain, il faut l'aimer (de l'amour de la charité, de l'amour qui affirme son objet, non de celui qui *jouit* de son objet). Le respect pratique et efficace du devoir de l'esprit de sacrifice sont une seule et même chose. — Séparez-les et dans chacun des termes vous n'avez plus que des caricatures. — La barbarie romaine et la folie monacale.

Adieu, cher ami, merci encore. Votre Cu. S.

P.-S. — Si vous aviez quelque idée de parler de la *Philosophie de l'Inconscient* dont la Revue des Cours publics a donné un compte-rendu assez intéressant, j'ai une lettre de l'auteur, M. de Hartmann, rendant témoignage à la fidélité de mon abrégé dans le *Compte-rendu*. J'ai mis mes objections dans la *Revue chrétienne*, Sept. et Octobre.

XXX. — M. Renouvier a M. Secrétan.

La Verdette, 18/11 72.

Cher ami,

Je n'ai fait que vous rendre la pareille de la peine que vous avez prise pour moi, et de plus j'ai trouvé un intérêt sérieux à l'étude de votre livre. Peut-être quelques-uns des lecteurs de la *Critique philosophique* en auront trouvé un à mon compte-rendu, et n'y en eût-il que deux, eh bien! j'aurai travaillé pour ces deux-là; il ne faut point être exigeant.

Mes pages sont ouvertes à vos observations en réponse. Vous jugerez vous-même très bien de la place que vous pouvez prendre convenablement dans le recueil. Je réserve naturellement le droit suzerain de réplique, dont je tâcherai pourtant d'user le moins possible. Des questions sur lesquelles portent vos réclamations ou observations, celle de l'unité d'origine, induite de la loi d'amour, serait à mon avis la plus intéressante pour les lecteurs comme pour moi-même. C'est aussi celui qui vous tient le plus à cœur : je l'ai bien vu par une note à votre compte-rendu du livre de Hartmann, car vous ne les avez pas prodiguées. Au fait, si vous pouvez donner à cet argument une forme solide et pressante, vous aurez fait, chose si rare, une vraie découverte, à la manière de Kant, dans un ordre de questions où les plus originaux ne sont que des répétiteurs.

J'ai trouvé votre compte-rendu de la *Philosophie de l'Inconscient*, véritablement ADMIRABLE. Je ne puis mieux vous dire et je le dis sans le moindre compliment. L'auteur vous devait bien un remerciement senti. Si son livre a toute la valeur que l'on sent dans le résumé, c'est un livre bien fort et même beau autant que spirituel, en dépit du Satanismus qui au fond le souille. Je soupçonne que vous avez flatté le portrait sans le vouloir, par le seul fait de la suppression d'un certain passage?

Certainement la *Critique philosophique* parlera de Hartmann, mais on aurait la vanité de pouvoir en viser quelques passages directement au lieu de travailler sur votre compte-rendu seul. L'ami Zurcher se chargera d'en traduire des passages, et pour cela nous allons aviser à nous procurer un exemplaire allemand. Voulez-vous prendre la peine de m'envoyer les noms et adresses de l'éditeur de Berlin quand vous m'enverrez l'article pour la *Critique philosophique*? Je n'ai plus sous les yeux votre compte-rendu, l'ayant prêté.

Je perds bien du temps en ce moment à terminer une drôle de composition commencée il y a quinze ans et restée interrompue. C'est une espèce de roman historico-philosophique dont une partie a paru dans certaine revue aujourd'hui morte de MM. C. Lemonnier et Fauvety; cela est intitulé *Uchronie*. Tant que je n'aurai pas fini, la *Critique philosophique* sera un peu en souffrance de mon côté, mais j'entrevois le jour de la fin du tunnel.

Adieu, cher ami, je ne veux pas retarder cette lettre pour la discussion de vos rétorsions. Et d'ailleurs, il faudra se contenter de les méditer. Les polémiques épistolaires mènent trop loin et iraient parfois à l'interminable tant sont grandes les difficultés d'exprimer et de définir. Adieu encore et amitiés bien vives.

C. RENOUVIER.

P.-S. — Non la *Revue politique* n'a pas donné un bon compte-rendu de Hartmann. Votre qualité de compte-rendeur aussi vous rend vraiment trop indulgent. C'est presque si je disais que M. Fernand Papillon a bien renseigné ses lecteurs sur la *Critique philosophique*.

XXXI. — *M. Secrétan à M. Renouvier*[1].

Décembre 1872.

Monsieur le rédacteur de la *Critique philosophique*,

Permettez-moi de vous exprimer ma profonde reconnaissance pour le travail étendu que vous avez bien voulu consacrer à la *Philosophie de la Liberté*.

Heureux d'une sympathie inexplicable pour le lecteur qui s'arrêterait à la divergence apparente de nos points de départ, je m'incline sous plusieurs de vos critiques, devant d'autres, j'hésite ou je me tais; mais il est un point sur lequel j'ose vous demander la permission de m'expliquer en quelques mots. Une si grande faveur risque de créer un précédent fâcheux, mais votre indulgence m'a enhardi, la question est intéressante et je serai bref, car ma gratitude est bien sincère.

Il s'agit de méthode, il s'agit des rapports de la morale et de la métaphysique, il s'agit de l'unité de l'humanité que je pense avoir démontrée par le contenu de la loi morale.

1. Cette lettre a été publiée dans la *Critique philosophique*, année 1872, p. 344.

Vous repoussez absolument la métaphysique et ne voulez laisser subsister que la morale, tandis que moi, brûlant encore des anciens feux, possédé d'un besoin dont le criticisme aura peine à sevrer l'esprit, le besoin de remonter aux principes des choses, je tente d'asseoir au moins une croyance métaphysique sur le fondement de la certitude morale. Je raisonne ainsi :

Les hommes doivent s'entr'aimer. Ils trouvent en eux cette loi, que sans doute ils n'observent guère, mais il ne s'agit ici que d'un idéal.

La réciprocité sincère d'un tel amour conduirait l'espèce humaine à l'unité de la forme la plus positive, la plus énergique qui se puisse concevoir, l'unité comprise, l'unité sentie, l'unité voulue, l'unité réalisée par la liberté ! L'unité dans ce sens est notre fin, et la loi morale pourrait s'écrire en ces termes : « Travaille à procurer l'unité libre de l'humanité ».

Donc l'humanité ne forme qu'un être.

Vous me dites :

« *Nous ne voyons point pourquoi le précepte de fraternité ne serait applicable qu'à des êtres d'unique origine et de nature identique* [1].

Fraternité ! La langue elle-même témoigne ici contre vous, et vous ne sauriez maintenir votre objection en vous plaçant à son point de vue. Il y a des essences, il y a des idées, puisque les mots ont un sens. S'il en est ainsi, l'idée, la fin et la loi ne peuvent pas se contredire. La formule générale de la loi ne saurait être que celle des Stoïciens : réalise ta nature, agis conformément à ton essence, deviens en fait ce que tu es en idée.

L'être, libre de son essence, n'est pas libre de fait au point de départ, le petit enfant n'est pas libre, il le devient, et l'homme a pour loi d'acquérir et de conserver sa liberté, l'être libre se fait ce qu'il est. Dès lors si la loi morale conduit l'homme à s'unir à ses semblables, si l'accomplissement de la loi morale amène la perfection de cette unité, si la destination de l'homme est ainsi d'être un, il s'ensuit nécessairement qu'il est un dans son essence et dans son origine. Si le commencement, le milieu et la fin ne s'accordaient pas, ils ne seraient pas le commencement, le milieu et la fin. Le commencement, c'est l'essence; le milieu c'est l'apparition de l'idée et du fait, c'est la loi morale qui peut être obéie ou violée; la fin c'est la réalisation de l'idéal.

---

1. *Critique philosophique*, Nº 31, p. 75

L'esprit passe d'un des termes à l'autre, indifféremment, pourvu qu'il ne suppose point ce qui est en question. La méthode nous conduit du connu à l'inconnu. Le connu, c'est le phénomène, c'est le présent, c'est le milieu, c'est la loi morale. C'est pourquoi je veux aller de la morale à la métaphysique et non l'inverse. Avec vous et Kant, notre maître, je conclus du devoir à la liberté, au lieu de conclure avec M. Vacherot et son maître Cousin de la liberté au devoir, parce que la liberté n'étant pas un phénomène, l'expérience ne saurait nous la donner, mais seulement la sensation de la liberté, qui est tout autre chose. Le devoir, au contraire, est immédiatement donné dans la conscience, et les éclectiques me semblent amusants lorsqu'ils prétendent nous astreindre à démontrer la possibilité métaphysique du devoir, comme s'ils avaient oublié que le réel est toujours possible.

Si des êtres différents d'origine avaient reçu pour loi de s'aimer, ils auraient reçu la loi de se rendre un; ils auraient reçu la loi de se développer contrairement à leur essence, il leur faudrait devenir ce qu'ils ne sont pas; la loi, l'origine et la destinée, le commencement, le milieu et la fin ne s'accorderaient pas : une telle supposition me semble non seulement arbitraire, mais positivement déraisonnable, je n'y saurais voir que l'excès de vos mépris pour la question d'origine, mais du moment qu'on a souffert que cette question fût posée et qu'on reconnaît l'autorité de la loi morale, ma solution demeure la seule possible.

Entendons-nous pourtant bien : l'unité d'origine ne s'impose qu'à ceux qui trouvent l'amour dans leur conscience. Vous objectez à cette lecture de la loi (sic) et c'est là sans doute le vrai fond de votre critique. Vous n'auriez pas jugé possible l'institution arbitraire d'un ordre que dans sa teneur vous n'estimeriez pas arbitraire, c'est-à-dire injuste. Vous n'entendez point à l'*altruisme* (sic), vous suspectez la charité qui vous semble indiscrète et volontiers oppressive. Vous craignez le *compelle intrare* : ce qu'il vous faut c'est l'individu, c'est la liberté, c'est la justice. Voilà, je crois, le nœud de la difficulté.

Mais supportez mon langage : ce nœud n'est qu'un malentendu, la charité que vous visez, celle des Louis Veuillot, des Auguste Comte, n'est pas la charité, c'est le fanatisme. Qu'est-ce que la charité sans le respect de ma liberté, si je suis un être libre? Cette charité des convertisseurs ne m'affirme pas, elle tend bien plutôt à me détruire, elle se contredit elle-même. Il n'y a pas plus de charité sans justice qu'il n'y a de justice sans charité. Si la justice et la charité se confondent dans notre Christ, c'est que la justice et la charité sont une seule et même chose envisagée sous deux aspects.

Sans remonter plus haut dans les ouvrages précieux de votre école, la *Critique philosophique* me semble, et je suis heureux de le dire, un recueil plein de charité. Elle rappelle singulièrement le *Semeur*, ce journal d'orthodoxie protestante où je publiais mes premiers essais pendant le règne de Louis-Philippe, et qui plaidait sans succès bien visible la séparation de l'Église et de l'État. Son meilleur collaborateur, Alexandre Vinet, était individualiste et libéral au premier chef; mais trêve aux réminiscences! Quel est l'objet de la *Critique philosophique*? n'est-ce pas de contribuer en quelque chose à l'avènement de la justice? Eh bien! vouloir le règne de la justice, n'est pas œuvre de justice, c'est aimer les hommes, c'est la charité.

Que dit-elle la charité? — Dévouez-vous à l'ensemble. — Mais dans l'ensemble vous êtes compris : le respect de votre propre droit est enfermé dans le bien de l'ensemble à titre d'élément indispensable; la charité vous oblige donc à faire respecter votre Droit.

Et que dit la justice? — Faites aux autres ce que vous avez le droit d'attendre d'eux. Respectez les conditions de leur liberté, de leur développement et de leur bien-être. Mais pourquoi les respecter si vous n'y trouvez quelque chose de bon, c'est-à-dire quelque chose qui doit être voulu, qui doit être aimé? Et comment respecteriez-vous vos semblables sans les aimer, vous qui vous aimez vous-même? Votre égoïsme est une force naturelle, légitime, à sa place assurément mais qu'il faut balancer par une autre force, parce que laissé sans contrepoids, il entraînerait tout : il ne se borne pas à dicter vos résolutions, il sollicite votre intelligence. L'homme ne saurait être juste qu'à la condition d'être impartial, parce qu'il ne peut pas isoler sa pensée de l'ensemble de ses fonctions. Sans aimer son prochain, il ne saurait ni pratiquer la justice à son égard, ni même la reconnaître. Ainsi la justice et la charité, loin de s'opposer l'une à l'autre, sont nécessaires l'une à l'autre et s'impliquent réciproquement. La morale criticiste elle-même, j'ai cru m'en apercevoir, accorde une certaine valeur à la bienveillance, indépendamment du droit strict. Comment s'en pourrait-elle excuser sans adopter notre principe, qui est au fond le sien?

La justice abstraite ne nous donnerait qu'une règle formelle et nous laisserait dans l'immobilité. L'impulsion qui nous fait agir est nécessairement un amour, dont je ne conçois que trois possibles : *Je veux être, je veux que vous soyez, ou enfin, je veux que nous soyons*[1]. Le premier anéantit toute justice, le second n'est que la haine de soi-même, la contradiction et le suicide s'il ne se confond avec le troisième. En effet, se donner à l'ensemble auquel on appartient, c'est se trouver, c'est atteindre à la vérité de son être. Pour naviguer il faut du vent dans les voiles. L'amour est le vent, la justice est la boussole, dirons-nous, ou le gouvernail? la raison, le pilote; le vaisseau, c'est la vie; la mer, c'est le monde; Dieu, le port.

Rien ne saurait égaler l'importance pratique de cette idée que la justice et la charité s'impliquant réciproquement, ne sauraient être opposées l'une à l'autre. Je ne vois qu'un remède efficace aux blessures dont le faux Christianisme a frappé l'humanité, c'est le Christianisme véritable dont vous posez le principe en reconnaissant l'obligation pour chaque individu de travailler à la réforme de soi-même.

Veuillez excuser mon insistance et recevoir l'assurance de ma sympathie et de mon respect.

CH. SECRÉTAN.

Les Bergières-sur-Lausanne, le 12 déc. 1872.

[Réponse particulière accompagnant la lettre ouverte] :

Voici enfin mon petit mémoire où je n'ai fait que répéter ma lettre probablement en la gâtant. N'envoyez pas l'article, je vous prie, sans avoir choisi entre les quelques variantes que mon ignorance du bon français m'a engagé à vous soumettre. Pardonnez-moi mon indiscrétion. Je ne puis pas croire qu'il y ait un inconvénient pour votre journal à tolérer un peu de variété. Je ne saurais d'ailleurs vous dire combien il me fait plaisir, malgré ses prédilections pour le protestantisme libéral qui est une chose bien sotte et bien désavouée. Du Jules Simon tout au plus, le petit *Credo* et beaucoup de fatuité même chez M. Pécaut qui était le saint d'Edmond Schérer.

Je suis appelé à faire pour notre chapelle une conférence publique sur la *Conscience*. Je crois bien que je trouverai moyen d'y fourrer

---

1. Formule empruntée à M. Léon Brothier dans la *Morale indépendante*.

mon unité de l'humanité; mais au fond, je suis assez embarrassé. Allant bien d'ailleurs.

Mes respects, je vous prie, à vos dames et à votre ami. Je suis à vous de tout mon cœur et bien mortifié de ne point vous avoir vu cet été comme je m'en flattais.

CH. SECRÉTAN.

XXXII. — *M. Secrétan à M. Renouvier.*

Les Bergières-sur-L., 1er février 1873.

J'ai déjà prié M. Pillon de vous témoigner mes sentiments pour la grâce avec laquelle vous avez accueilli ma défense. C'était plus que bon goût, c'était bon cœur. Au surplus dans l'examen de ma morale pratique vous aviez constaté vous-même d'avance que je fais rentrer la justice dans la charité, la liberté dans la justice, m'éloignant ainsi du christianisme historique, non, je crois, de J.-C. Il n'est pas moins vrai que vous avez réveillé chez moi le besoin d'éclaircir et d'approfondir cette théorie. J'ai été invité à faire ici une lecture sur la *Conscience morale* et j'en revois présentement le manuscrit, qui sera probablement imprimé dans un journal religieux assez différent de ce que je voudrais. Peut-être cependant un échantillon du Protestantisme orthodoxe *suisse* vous intéresserait-il en quelque manière. Je vous enverrai le cahier ou les cahiers. Mais si cette lecture faisait une brochure à part, peut-être en diriez-vous un mot dans la *Critique*. Je ne vais pas beaucoup plus loin dans ce petit travail que ce qu'on a déjà vu. Seulement il m'a suggéré des idées nouvelles pour moi — sans l'être ailleurs (Clarke, Wollaston, etc.) — sur l'identité essentielle de la raison théorique et de la raison pratique, conséquence nécessaire de l'indéfinissable, mais incontestable unité de l'esprit humain.

Il s'agit toujours de la synthèse des contraires, impossible sans doute si ce sont vraiment des contraires, mais nécessaire cependant si les contraires sont vrais et nécessaires tous les deux, ce qui prouverait qu'ils ne se contredisent pas, quoi qu'on n'en ait pas d'autres preuves, jusqu'à la synthèse effectuée.

Il s'agit toujours du créateur et de la créature dans le monisme —

---

1. Chrétien évangélique, 1873; reproduit dans le volume intitulé : *Discours laïques.*

nécessité de la raison. — Il s'agit toujours de l'espèce et de l'individu; les deux synthèses nécessaires de la foi théologique et de la science naturelle.

Vos objections *critiques* à la possibilité de *concevoir* un principe premier éternel n'empêcheront pas l'esprit humain de revenir irrésistiblement à *statuer* un tel principe, à moins qu'il ne s'éteigne. Preuve en soit la destinée même du Kantisme dont vous parliez tantôt. Et quant à l'unité de l'espèce c'est un fait, dont on ne se débarrasse qu'en négligeant la considération de tout un côté des faits. Vous m'avez plaisanté fort bien sur ma *poussière de conscience*. Et sans doute, s'il s'agissait de démontrer ou seulement d'expliquer au moyen d'un tel rapprochement, la raillerie porterait en plein. Mais il ne s'agit que d'exprimer un théorème, d'énoncer une doctrine dont les preuves sont ailleurs. Il s'agit par ce parallélisme des deux ordres de tranquilliser un moment l'esprit sur la possibilité d'admettre simultanément deux propositions qui semblent se contredire et qui ne peuvent pas se contredire puisqu'elles sont vraies l'une et l'autre, savoir : *a*) que l'individu moral et physique n'est rien sinon dans l'espèce et par l'espèce, *b*) que la conscience de soi, le choix et la responsabilité morale, par conséquent la valeur morale appartiennent à l'individu.

Or donc, essayant, à l'instar de Kant, de déduire la loi morale de la forme de la conscience, je trouve : 1° l'affirmation d'un principe supérieur envers lequel nous sommes obligés dans la conscience innée d'un devoir quelconque — identité de la conscience morale et de la conscience religieuse; — 2° l'affirmation de l'unité de l'espèce dans le fait que la loi morale s'élabore dans l'espèce et que l'individu reçoit d'elle le contenu variable de sa conscience morale, comme il reçoit d'elle la langue qu'il parle, etc. Je résume donc la loi morale dans la formule du Lévitique : « Tu aimeras le Seigneur ton Dieu de tout ton cœur et ton prochain *comme toi-même* ».

Comme *aimer* signifie vouloir du bien et qu'on ne peut pas faire du bien à Dieu, comme d'ailleurs les deux commandements n'en font qu'un, il en résulte que le premier devoir est d'aimer son prochain (activement) par *amour* pour *Dieu*. La dévotion proprement dite n'ayant, comme la gymnastique et la diète (l'ascèse), d'autre valeur morale que celle d'un moyen. Je dis morale, car si la dévotion n'est pas un devoir comme but, elle peut être un plaisir permis, au fond identique avec le devoir comme moyen (nourriture).

Aimer son prochain *comme soi-même*, c'est aimer l'humanité et soi-même dans l'humanité, soi-même à sa place; se vouloir tel qu'on est et non se vouloir séparé; se vouloir tel qu'on n'est pas = se haïr. Ce *devoir* limité de l'amour de soi donne lieu à la notion de justice, à la sanction du droit de défense (défense de la justice), etc. Je vais jusque-là; mais ce que le public de la conférence ne me permet pas d'aborder, c'est l'identité fondamentale des thèses de la raison spéculative et de la pratique, de la métaphysique et de la morale.

Vous trouvez mon système panthéistique, etc. Ce n'est pas cela. Pour l'entendre ainsi, il faut le tirer d'un côté, ce qui est contraire à sa méthode. Votre vraie critique c'est qu'il est *absurde*, parce qu'il affirme les contraires. Absurde soit, mais si, cette absurdité franchie, il coordonne les faits de tous les ordres et qu'il arrive à de bonnes conclusions pratiques, ce serait un motif pour reviser le jugement.

Le *criticisme* repose sur un principe logique plus aisé à défendre, mais il tire tout d'un côté et se voit par là obligé de négliger ou d'atténuer tout un côté des faits, celui qui parle de l'unité et de ne pas leur accorder au moins leur pleine portée.

Comment allez-vous tous? Que devient M. Rey? Serez-vous à la Verdette la semaine des fêtes de Pâques? Dites-moi un mot de tout cela et croyez au dévouement de votre

CH. SECRÉTAN.

XXXIII. — *M. Renouvier à M. Secrétan.*

Verdette 23/2, 73.

Mon cher ami,

J'ai lu quelques volumes de vous et vous avez lu quelques volumes de moi pauvre, et nous continuons — que dis-je? nous commençons à débattre toutes sortes de hautes questions entre nous, luttant contre la double difficulté de comprendre et de parler : hélas! hélas! attendons un peu. Attendons le jour de la grande lumière, le jour où nous verrons sinon *face à face* au moins avec de moindres nébulosités. Jusque-là, le criticisme dont le propre est de n'user de la foi qu'à petite dose, le criticisme se figure prendre une attitude assez raisonnable. Ce qui ne l'empêche pas de sympathiser plus volontiers avec les croyants (libéraux) qu'avec les positivistes.

Ce qui n'empêche pas non plus que j'attends pour les lire avec toute l'attention voulue vos leçons sur la conscience morale; et j'en parlerai dans la *Critique philosophique*.

Je ne renonce pas non plus à éclaircir autant qu'il est en moi la question du rapport, ou *participation* (style platonicien) de la justice à l'amour, ou *vice versa* J'aborderai ce sujet sitôt que je serai sorti d'une filière d'articles où je me trouve engagé. Et je le ferai sans polémique, convaincu, comme plus que jamais je le suis, que les polémiques servent peu.

Assurément je serai à la Verdette pendant la semaine des vacances de Pâques et nous serions tous bien heureux que vous pussiez et voulussiez nous y faire visiter. Vous pourriez y rencontrer l'ami L. que vous connaissez bien, ou de nom, ou de mieux que cela, et qui est un des sympathiques soutiens de la *Critique philosophique*, qui est même son parrain. Cet hétérodoxe est un homme infiniment large d'esprit que les orthodoxes n'auraient nulle raison de fuir.

Mon voisin et vieil ami Bouchet tient très particulièrement à être rappelé à votre souvenir. Il paraîtrait, quand il me parle de vous, que vous avez échangé dans une excursion de touriste, lui et vous, quelques profondes paroles maçonniques. Vous êtes frères par quelque bon endroit.

M. Rey dont vous me demandez nouvelles a failli nous quitter pour la Calédonie : on l'a retenu et je m'en félicite.

Vous saurez, pour votre édification à mon endroit, que j'ai employé mon influence, avec succès, pour faire faire à Paris un mariage protestant de deux catholiques de naissance et d'état civil. C'est à la rue Chauchat que la bénédiction nuptiale a été donnée. Les conjoints se félicitent et les assistants ont été édifiés.

Adieu, cher ami, je vous serre affectueusement la main.

C. RENOUVIER.

XXXIV. — *M. Secrétan à M. Renouvier.*

Les Bergières, 26 avril 1873.

Cher ami !

Tout est bien arrivé, le petit paquet avant-hier et votre billet hier matin. Je n'ai plus rien senti des effets des Sorgues à mon arrivée à Vienne, où pour la seconde fois j'ai manqué M. le Dr Couturier, mais Madame a eu la bonté de m'envoyer un petit dossier d'imprimés sur Beauregard dont je ferai mon profit. Le lendemain matin j'ai souffert de cruelles douleurs d'entrailles jusqu'à Lyon où le petit chirurgien de la gare m'a guéri avec du laudanum, de l'éther, du chloroforme et de l'eau sucrée chaude. Cet accident n'a rien à faire avec la malaria et n'a point eu de suites.

Si je suis encore un peu déprimé, les causes n'en sont point dans le midi mais à Lausanne, on n'a pas une nombreuse famille sans bien des soucis et des contrariétés. On voudrait que tout son monde soit heureux et l'on n'y peut pas grand'chose.

Nous avons eu hier de la neige et ce matin il a gelé assez fortement ; je pense que nos vignes sont passablement abimées. J'ai beaucoup admiré et un peu envié votre puissance de travail. Jusqu'ici je n'ai pu que me mettre à jour avec la *Critique philosophique* dont j'avais déjà lu bien des numéros à la Verdette et que j'aime toujours passionnément, en dépit des duretés qu'elle lance de temps en temps contre la morale chrétienne. Je ne regrette même pas trop ces duretés qui pourront nous êtres utiles.

En revanche je prie le Criticisme de bien penser au rôle de la bienveillance dans les rapports sociaux, à l'impossibilité d'asseoir la justice sur une autre base que la bienveillance, enfin à la morale pratique de Kant qui conclut elle-même à la bienveillance. Point de charité sans justice, point de justice sans la charité, je suis sûr que cette thèse se vérifiera dans tous les rapports. La justice sans charité n'est rien, absolument rien et Kant lui-même n'en tire rien. Il est obligé de prendre hors de la morale l'impulsion active sans laquelle son système serait incapable de bouger, ce qui en manifeste l'insuffisance, l'impuissance. — D'autre part la charité sans justice est bien quelque chose, mais c'est le contraire de la charité, c'est la prétention de réaliser ce qui nous paraît bien sans égard aux autres, la négation du devoir des autres, l'égoïsme.

Et ceci, remarquez-le bien, tient à la méthode générale. Vous méprisez trop la synthèse, on ne sort du simplisme que par la synthèse, on n'avance, l'histoire est là pour le prouver, qu'en marchant de synthèse en synthèse. Néanmoins, encore une fois, j'appartiens corps et âme à la *Critique*. Ma seconde fille, en m'apportant hier le dernier numéro, me l'a donné en me disant : « Voici ta chère Critique » et c'est bien cela.

1er Mai. Ma lettre a été interrompue par une nouvelle indisposition de peu de conséquence du reste, que j'attribue au retour du froid qui a gelé nos vignes et peut-être aussi les vôtres. Je corrige maintenant l'épreuve de mon discours sur la Conscience. Je crains bien qu'il ne vous déplaise et moi-même je ne le trouve ni bien rédigé, ni bien déduit, mais le fait où j'insiste surtout : la collectivité, la solidarité du développement moral reste un fait, historiquement inébranlable et dont il doit être permis de tirer les conséquences. Cependant je me demande si je ne suis pas tombé dans un empirisme grossier en concluant de la forme du développement des idées morales à ce qui doit être leur perfection, leur expression définitive.

5 Mai. Mon raisonnement est celui-ci : Tout homme trouve en lui l'obligation d'obéir à la loi morale. L'*obligation* prouve Dieu. Le contenu de la loi morale ne se forme que dans l'histoire, l'individu le reçoit de l'humanité et ne le modifie que faiblement pour lui-même et pour l'humanité, la *loi morale* implique donc l'humanité d'où le contenu : tu aimeras le Seigneur ton Dieu et ton prochain, etc. Je maintiens ce fond comme plus complet, plus concret, plus satisfaisant que toutes les autres formules. Quant à la déduction, je crois bien qu'elle est à recommencer.

J'ose à peine vous envoyer cette lettre si nulle et si souvent interrompue en dernier lieu par un nouveau froid, suivi d'un odieux furoncle au bras droit. Mais je ne veux pas finir sans vous dire ou vous répéter qu'il y a dans ma pensée un bon placement à faire en construisant sur le littoral ligure que le chemin de Turin-Savone va rapprocher considérablement du Nord et de l'Ouest. Parallèlement au haut Bordighera, j'indiquerais comme stations heureuses, ce me semble, *Port-Maurice*, Oneglia, Diano.

Je n'ose pas continuer, mon écriture devenant illisible. Adieu et merci et pardon. Votre tout dévoué,

CH. SECRÉTAN.

XXXV. — *M. Renouvier à M. Secrétan.*

La Verdette, 17/6,73.

Cher ami,

Je suis effrayé voyant la date de votre aimable dernière lettre à laquelle je croyais tant, quand je l'ai lue, que j'allais répondre de suite. Puisque le mal est fait du retard, nous passerons condamnation, si vous le voulez bien, sur notre polémique touchant l'amour et la justice. Aussi bien, vous connaissez mes raisons, mon point de vue, que j'ai exposé dans un numéro du mois dernier de la *Critique*, et de mon côté, je crois bien entendre vos arguments, auxquels je suis loin de m'opposer en tout. Après cela, les polémiques sont peu utiles et, comme vous le savez, n'aboutissent guère. Bornons-nous à réfléchir de notre mieux sur les impressions que fait sur notre pensée ce que nous lisons ou entendons.

Croiriez-vous, cher ami, qu'avec ma triste mémoire et mes préoccupations de rédaction journalière j'ai oublié le titre exact de cette revue de M. de Pressensé dans laquelle vous écrivez et que vous m'avez engagé à demander en échange de la *Critique*, pensant qu'on ne s'y refuserait pas. Je n'ai donc pas écrit à Pillon pour cela et je me trouve n'avoir lu ni votre discours sur la conscience ni vos articles antérieurs que je désirerais pourtant bien connaître. Soyez assez bon pour me rafraîchir l'esprit là-dessus et pour accuser plutôt les effets de mon isolement que ma négligence. Vous voulez bien me parler de *ma puissance de travail*. Mais le vice de solitude entre comme cœfficient considérable.

M. J. Trenca de Mentone a bien voulu sur votre recommandation me donner l'adresse d'un notaire de Ventimiglia, à qui j'ai écrit. Mais ce notaire m'a répondu qu'il ne voyait point de placement avantageux ou autres à faire dans sa localité. Il m'offre seulement deux toutes petites maisons à lui appartenant, ou plutôt deux jardins avec quelques pièces en cave et rez-de-chaussée situés non loin de la mer. Je n'ai pas cru devoir examiner cette affaire (ai-je tort?) et maintenant je suis disposé à m'établir en location quelque part sur la *Riviera di ponente* pour prendre un mois ou deux de bains. Et de là je m'informerai. Je jette en idée mon dévolu sur Alassio ou Aigueglia, plage admirable et station moins aristocratique que San Remo. Croyez-vous Bordighera préférable? En d'autres localités plus petites je crains un peu le manque de ressources. Si vous avez quelque nouvelle indication à me donner d'ici à trois semaines, ou environ, je les recevrai avec reconnaissance. Dans tous les cas il me tarde de savoir si les accidents de santé qui ont suivi votre charmante visite à la Verdette ont définitivement pris fin. J'espère que ceux du genre des *odieux furoncles* auront eu le mérite d'évacuer partie de ces humeurs peccantes que le péché a mises dans la constitution humaine.

Adieu, cher ami, pardonnez mon griffonnage.

Votre bien dévoué,

C. RENOUVIER.

XXXVI. — *M. Secrétan à M. Renouvier.*

Les Berglères-sur-Lausanne, 4 août 1873.

Cher ami!

Je ne m'excuserai pas de répondre si tard à votre lettre du
17 juin, de deux en deux mois serait peut-être assez pour un homme
aussi occupé que vous l'êtes. La Revue de M. de Pressensé dont vous
me demandez le titre et où je vais écrire trois articles sur Fouillée,
s'appelle *Revue chrétienne*, Bureau : rue de Seine, 33 (Librairie
Fischbacher); Rédaction : rue d'Assas, 76 (Pressensé).

J'espère que vous avez reçu aussi trois numéros du *Chrétien
évangélique* de Lausanne, dont deux contenant ma Conférence : La
Conscience, sur laquelle je serai heureux d'avoir votre sentiment
manuscrit ou moulé.

Ne me chicanez pas trop sur mes polémiques, négligez-les tout à
fait si vous voulez, n'y voyez que la réaction naturelle sur les choses
qui ont piqué l'esprit et le désir d'une entière communion d'esprit.
Il est superflu d'y répondre ou même d'y faire allusion, mais pensez
donc que je n'ai pas de Journal philosophique sous la main pour y
jeter chaque pensée.

Je vous envoie trois articles de la *Gazette de Lausanne* [1], sur un sujet
que vous avez touché très à propos dans la *Critique philosophique* :
dont je suis toujours plus charmé, sauf l'article Renan où je trouve
que certaines antipathies n'auraient pas dû égarer jusqu'à admirer
et à citer les vilenies d'une imagination de calotin corrompu qui
veut allier les charmes à la Feydau aux élévations spéculatives. Je
pense aussi qu'il y a bien du parti pris, ou bien de l'illusion académique dans vos prédilections helléniques. Laissant de côté l'idéal,
la théorie, pour m'attacher au fait immédiat, il me semble difficile
de trouver un pays où dès les commencements les hommes aient été
plus cruels, plus méchants, plus acharnés les uns contre les autres.
Voyez Sparte et Messine, la guerre du Péloponnèse et depuis !

Mais laissons cela en effet, l'essentiel à mes yeux est que nous
soyons parfaitement d'accord sur la manière dont il faudrait diriger
et instruire la société actuelle. Vous ne plaiderez jamais trop la
revendication et la proclamation du droit.

Si vous trouviez ma solution pratique dans la *Gazette* digne d'être

1. Juillet 1873, sur l'Arbitrage et la Question de l'Alsace-Lorraine.

mentionnée, approuvée ou réfutée, vous rendriez peut-être par là un petit service à l'auteur. Les journaux aiment toujours ces mentions, mais cela me paraît peu probable.

J'ai reçu le programme de *Jacques Bonhomme*, hebdomadaire projeté par M. Eugène Peujot, Jean Dolfus et autres fort honnêtes gens. Je pense que vous l'aurez reçu également et je le recommande à votre attention sympathique et à votre critique clairvoyante. Le nom de Bastiat indique un point de dissentiment probable, un point faible selon moi, mais qui n'est pas encore en lumière. N'oublions pourtant pas que M. Peujot vient d'admettre ses ouvriers (après un stage) à participation des bénéfices, qu'il se réserve seulement le droit de placer (hors de son industrie) à leur profit afin d'en assurer la capitalisation effective. Peut-être en effet le motif, naissant du fait que les ouvriers sont très souvent des enfants par le caractère, doit-il balancer un peu les considérations tirées de l'idéal juridique à réaliser.

. . . .

Pour votre affaire de bains de mer Laighiera et même Alassio me semblent un peu trop déserts. Le haut de Bordighera est bien beau, mais pas la plage. Oneglia et Porto Maurizio, chef-lieu de la Province, me semblent les lieux indiqués pour les ressources. Mais ne vous ai-je pas déjà écrit cela?

Adieu, cher ami, croyez-moi votre débiteur dévoué.

CH. SECRÉTAN.

P.-S. — Je recommande encore à toute votre sollicitude *Jacques Bonhomme* (si la police de M. de Broglie le laisse paraître). C'est une tentative sérieuse. M. Peujot est très en garde contre le protestantisme spécifique et contre la tendance ecclésiastique, il m'en a écrit fort nettement, se plaignant de voir toujours les ministres du culte au travers du progrès et de la liberté. Comme il s'agit surtout d'application et nullement de doctrine religieuse, le contact le plus fréquent et le plus intime possible avec les libres-penseurs, amis du droit, de la morale, etc., leur est essentiel. Vis-à-vis de Rome, vis-à-vis de Wyrouboff, etc., l'œuvre est bien réellement commune.

XXXVII. — *M. Renouvier à M. Secrétan.*

La Verdette, 14/10, 73.

Cher ami,

Si je ne prends pas le parti de vous écrire une lettre plus courte que je ne la voudrais, Dieu sait combien de temps je vais continuer désirer de vous en écrire une longue! En vérité la *Critique* me donne pas mal d'occupation et me constitue une excuse passable. Je me contente donc pour cette fois de tâcher de mériter une de vos lettres si aimables et si pleines — fût-elle moins pleine que de coutume par droit de justice commutative — et de vous demander si vous avez été satisfait de la reproduction de votre article *Gazette de Lausanne*, et de mes réflexions, et si mon dernier grand article sur le protestantisme ne vous a choqué par aucun point trop grave : car c'est tout ce que je peux espérer. Avez-vous remarqué mon article sur Fouillée? Trouvez-vous, toutes réflexions faites, que ma sévérité soit motivée par la fibre lâche de son analyse des faits de détermination et de liberté? Avez-vous lu aussi mes observations sur le mémoire de M. Naville et sur son travail de la *Revue Suisse?* Mon objection au sujet de la conservation des mouvements dans le monde ne lui a pas déplu à lui-même : il a bien voulu me l'écrire; mais je crains qu'il en soit autrement de ma réfutation de l'idée du P. Gratry.

Vous trouverez dans un de mes prochains numéros un article sur l'*Antéchrist*, qui diminuera peut-être un peu le grief que vous avez contre nous pour notre indulgente reproduction des imaginations *vilaines* de M. Renan.

J'ai reçu il y a quelque temps le programme du *Jacques Bonhomme*. J'en ai trouvé le ton honnête et les intentions parfaites. Je doute, d'après ce style, qu'on ait mis la main sur un vrai moyen d'action populaire. J'attendrais plutôt un honnête journal pour les gens instruits. Nous n'en avons pas trop. Je n'ai pas répondu au désir témoigné par les signataires de recevoir des observations et avis en réponse à la *communication confidentielle*. C'est qu'il y aurait eu trop à faire, à écrire, à interroger aussi.... puisque vous vous intéressez à cette tentative, je compterai sur vous pour me tenir au courant?

Imaginez, cher ami, que tous mes projets et spéculations sur la *Riviera di ponente*, dont je vous ai même ennuyé, s'en sont allés en fumée. J'ai fini, soit difficultés rencontrées, soit simple paresse, par me contenter de passer deux mois sur le bord de la mer, au Grau d'Aigues-Mortes. Et en vérité, je me suis trouvé admirablement bien des bains de mer, outre le plaisir presque d'enfant que j'y ai pris. Et vous, qu'avez-vous fait ces vacances dernières, et comment vous trouvez-vous de santé?

C'est au Grau que j'ai lu votre belle étude sur Sainte-Beuve[1]. Je n'en ai pas seulement été charmé, comme question de goût, de littérature et de critique — car charmante elle est réellement — mais le fond m'en a paru plutôt juste que rancuneux, et je l'ai défendu de mon mieux contre les reproches d'un intelligent et éloquent Nimois, votre coreligionnaire. Tout ce que j'ai pu accorder aux fureurs de ce libre-penseur contre les tendances ecclésiastiques et sectaires, c'est que Sainte-Beuve, encore qu'incapable, cela je le crois, de trouver et de soutenir une bonne raison pour n'être pas chrétien, ayant d'ailleurs été touché du genre de sentiments que nous lui voyons dans une partie de sa carrière — Sainte-Beuve nul en philosophie, esprit un peu petit et rationaliste incapable, a pu et dû se laisser loyalement *informer* par un milieu général de conscience philosophique ou scientifique dans lequel il a vécu et auquel il a attribué finalement plus d'autorité qu'à tels cénacles de son temps ou des temps passés. Au demeurant, je ne nie pas que, psychologiquement parlant, ses passions n'aient été la raison suffisante — *peut-être* — de sa non conversion, à des moments où tout semblait préparé pour que l'auteur de *Port-Royal* et de *Volupté* se mît, comme tels autres, à passer les jours dans les mauvais lieux, et les nuits à genoux sur le carreau de sa chambre. Je crois, c'est un autre doute que je voudrais vous suggérer, que Sainte-Beuve se serait plutôt converti à la monacaille qu'à votre église. Voilà mes réserves, mais j'admets qu'un chrétien ait le droit de porter le jugement moral, et comme de confesseur de consciences, que vous avez porté.

J'ai reçu les n°ˢ 4 et 6 du *Chrétien évangélique*, mais le 5 ne m'est point parvenu. Je regrette bien de n'avoir pas le premier de vos deux articles : la *Conscience*, où j'aurais trouvé sans doute votre examen du livre de M. Fouillée. Je le regrette d'autant plus que votre lecture m'a traversé beaucoup trop rapidement.

Adieu, cher ami, croyez à mes sentiments bien affectueux.

C. RENOUVIER.

1. *Revue chrétienne*, 1873.

XXXVIII. — *M. Secrétan à M. Renouvier.*

St-Prex, 26 oct. 1873.

Cher ami,

Merci de votre bonne lettre. J'y veux répondre sans trop tarder et comme je suis incapable de philosopher, par pure lassitude, car je suis d'ailleurs assez bien, je m'en vais vous raconter tout mon été.

L'année académique n'a pas fini aussi brillamment qu'elle avait commencé pour la santé. Une série de furoncles sur l'avant-bras droit m'ont ébranlé les nerfs. Les examens et des tracasseries pénibles à l'occasion du locataire d'une maison que nous possédons à Montreux ont augmenté le mal. J'ai senti quelques atteintes d'irritation spinale après avoir achevé néanmoins (en juillet et août) 10 articles dans la *Gazette de Lausanne* sur (contre) la revision centralisatrice de notre acte fédéral qui est toujours sur le tapis; je suis allé à Bretiège (canton de Berne) faire de l'hydrothérapie pendant huit jours. Ma cure a été interrompue par le Concile des vieux catholiques à Constance (12-15 août) qui m'a fort intéressé, je l'ai raconté et discuté dans sept nouveaux articles au même journal (septembre et octobre); j'ai repris pour huit jours environ ma cure d'eau froide, qui m'a fait plus de mal que de bien. Je me remettais de la cure à la maison lorsque j'ai été rappelé à Neuchâtel par la mort subite d'un ami très cher[1], plus jeune que moi de treize ans, qui avait passé la veille à la maison. J'en ai fait pour la *Bibliothèque Universelle* une nécrologie de dix pages dont j'ai encore l'épreuve ici chez une vieille amie que j'aide à mettre au net la traduction de l'anglais d'un petit livre de théologie que je vous ferai envoyer. — J'ai fait imprimer aussi la traduction (2 feuilles in-8°) d'une première lettre pastorale du Dr Reinkens, le nouvel évêque paléo-catholique, pour le compte de la principale librairie protestante de langue française (Sandoz et Fischbacher). Je vous enverrai aussi ce manifeste qui pourrait servir à la propagande anti-ultramontaine, si sa provenance allemande n'est pas un obstacle absolu.

Enfin je viens de finir le brouillon d'un compte-rendu d'un ouvrage rationaliste anglais (du Dr Arnold) très intéressant, pour un n° subséquent de la *Bibliothèque Universelle*.

---

1. Henri Jacottet, jurisconsulte neuchâtelois, 1828-1873.

Mes articles sur Fouillée : trois articles : *Introduction* (vous l'avez lu), *Exposition* (résumé textuel), *Appréciation*, étaient prêts dès le milieu de l'été pour la *Revue chrétienne* (d'Edmond de Pressensé, là où ont paru les articles Sainte-Beuve que vous avez eu la générosité de défendre). Le 1ᵉʳ Fouillée a paru en septembre. J'ai corrigé ici les épreuves du 2ᵉ (28 grandes pages) et c'est ce concours — épreuves Fouillée — nécrologie — Arnold — livre de mon amie — qui m'a mis un peu sur les dents ce matin.

. . . .

Je n'ai aucune objection à votre article-programme sur le protestantisme[1] — bien au contraire. — Je suis bien aise que vous ayez peu près retiré l'éloge inexpliqué dans la citation où Renan cherche à parler aux sens en déshabillant les vierges-martyres et je suis parfaitement reconnaissant de l'attention que vous avez accordée à ma petite élucubration irénique.

Je vais prier ce soir même le *Chrétien* de vous envoyer le nº 5 qui vous manque, bien qu'il n'y soit nullement question de Fouillée..... Ce que je vous en ai lu a paru dans la *Revue chrétienne* de septembre.

Vous me parlez du prospectus de *Jacques Bonhomme*. J'ai manqué cet été la visite du fondateur *in spe*. Il paraît que pour le moment ce journal ne paraîtra pas, l'autorisation nécessaire en raison de l'état de siège pour le publier à Paris aurait, dit-on, été refusée il y a au moins six semaines. Quand il y aura du nouveau, je vous tiendrai au courant.

Et voilà? Vous ne me parlez pas de politique et quand cette lettre vous parviendra, nous serons peut-être déjà à Henri V. C'est une histoire renouvelée des 221, un groupe d'individus sans mandats disposant du sort d'un grand pays, quitte à répondre aux réclamations par des mitraillades — auxquelles on ajoutera les déportements — M. Albert de B. a tracé le programme de cette campagne en disant qu'il était aux *limites de la légalité*. On ne frise pas ainsi la corde de propos délibéré sans l'avoir dix fois méritée.

Les 12 départements dont on se refuse à compléter la représentation parce qu'on connaît trop le sentiment du pays au nom duquel on prétend parler, met le comble à cette infamie. Et figurez-

1. *Critique philosophique*, 1873, t. II, p. 145-155. Le catholicisme, le protestantisme et le christianisme dans le temps présent.

vous que sous le toit protestant où je m'abrite, je trouve des hommes (religieux) pour l'approuver. C'est renversant.

Ici nos gouvernements radicaux se conduisent exactement d'après les mêmes maximes ni plus ni moins. J'ai recommencé mes leçons la semaine dernière. J'en aurai désormais un peu moins à donner que les années précédentes et à des étudiants un peu plus âgés. Il me restera un peu plus de temps pour écrire. C'est plus que je n'osais espérer. Je voudrais pouvoir aller encore cinq ou six ans jusqu'à ce que mon cadet, mon seul garçon, commence à gagner sa vie. Je suis fâché que vous ayez renoncé à la *Riviera* à cause de la beauté du pays et du placement possible que je crois bon, voyant comme les choses vont là-bas et ici où nous avons aussi des stations d'étrangers pour l'hiver. Du reste Cannes est à certains égards supérieur à la *Riviera* comme séjour et vous offrirait plus de conversation.

Adieu, pardonnez-moi cet affreux griffonnage, empiré par la nécessité d'écrire sur une table trop basse, avec une plume d'acier, ce que je ne puis souffrir. Nous sommes toujours ensemble, la *Critique* me tient au courant de vos pensées et je sympathise constamment avec elles. Je n'ai pas réussi encore à lui faire le moindre abonné, mais je ne me relâcherai point. Dites-moi que vous viendrez en Suisse l'année prochaine, nous avons pour la gorge les plus excellentes eaux sulfureuses. Je vous dirai les lieux à choisir. S'il vous est impossible de franchir le seuil de la douce France, dites-moi au moins à temps où vous comptez porter vos pas pendant l'été prochain. Si c'était à Vals par exemple en Auvergne, à Allevard, Uriage, etc., j'essayerais de vous y rejoindre.

Ne vous découragez point de m'écrire, la prochaine fois, Dieu aidant, je serai moins vide, moins exténué, moins découragé. Adieu encore. Adieu à tous.

Votre   CH. SECRÉTAN.

XXXIX. — *M. Renouvier à M. Secrétan.*

La Verdette, 7/12, 73.

Cher ami,

J'ai reçu la lettre pastorale du Dr Reinkens, et je vous remercie de l'envoi. J'y ai trouvé un passage écrit de bonne encre, je ne sais pourquoi je ne l'ai pas mis dans la *Critique*. Je sympathise bien avec ces vieux catholiques et j'admire, comme doit faire le logicien, la grâce d'état qui leur fait appliquer le principe protestant insciemment et consciencieusement. C'est d'ailleurs fort heureux pour le succès de leur mission. Ce succès jusqu'où ira-t-il? En France, la religion est morte, et c'est ce qui fait la force *di questi preti scellerati.*

M. Lacheret, un de vos élèves, m'a envoyé une belle thèse de docteur, que j'ai lue, avec une aimable lettre-apostille, mais où son adresse ne se trouve pas. Je vous prie donc de remercier M. Lacheret, pour moi, s'il se trouve à votre portée. Je me propose de lui consacrer un petit article dans la *Critique*, où, avec les éloges dus, je lui ferai la guerre pour la définition qu'il donne du rôle des motifs dans la délibération. Il dit que *nous pouvons agir conformément au motif le plus faible* (sc. au motif que nous-même nous jugeons le plus faible, car il faut l'entendre ainsi je suppose). Cette opinion me paraît et m'a toujours paru insoutenable et bonne pour préparer au déterminisme une victoire certaine. M. L. ne croit pas se prononcer ainsi pour la liberté d'indifférence. Qu'est-ce autre chose pourtant?

Savez-vous qu'en me relatant vos articles de la *Gazette de Lausanne*, vous me donnez un vrai regret de ne l'avoir pas préférée au *Journal de Genève*, auquel je me suis abonné. Les correspondances de ce dernier sont abondantes, il est vrai, mais souvent peu instructives; mal au courant pour la France, partiales pour (ou plutôt contre) l'Espagne, ternes pour l'Italie et pour l'Allemagne.

Vous avez remarqué que ma dernière lettre ne vous parlait pas politique. Elle est bien écœurante la politique pour un Français à cette heure. Vos Suisses, que vous critiquez et blâmez, me semblent, dans les pièces officielles et discours publics, des parangons de modération, d'honnêteté et de bon esprit. En France, on ne voit plus, on n'entend plus que des coquins ou des imbéciles. Il se prépare une nouvelle édition de la Commune généralisée, pour un temps peut-être encore assez éloigné mais certain, et cela quand bien même il y aurait avant ce temps un coup d'état autoritaire et des prescriptions. Voilà ma triste prévision. En échappant à Henri V, nous autres méridionaux et républicains, nous avons échappé à la nécessité d'une expatriation temporaire; et l'époque de la dernière Commune a été évidemment reculée pour nous tous. C'est quelque chose. Ainsi, pour la première fois depuis longtemps, il est arrivé quelque chose en France, qui n'était pas le pire de tout ce qui pouvait arriver. Si l'intrigue orléaniste venait à échouer à son tour les destins pourraient être conjurés. Mais est-ce possible? Qui peut nous sauver, ou quoi? Je présume qu'on va constituer un Sénat (c'est la seule Constitution praticable) où 150 de nos honnêtes gens se colloqueront en compagnie de 100 délégués de grands corps de fonctionnaires. Puis on fera des élections, qui, même avec la loi électorale qu'on médite, seront républicaines. Alors conflit. Le président et le Sénat constitutionnellement d'accord, dissoudront cette Chambre... Je m'arrête là dans la prophétie. Mettez qu'on se trompe toujours en pareil cas, mais M. de Broglie et consorts sont de fiers gredins, et le loyal soldat est *loyal* comme les soldats sont loyaux — moins que les autres gens.

Sur ce, cher ami, je vous embrasse bien cordialement.

C. RENOUVIER.

XL. — *M. Secrétan à M. Renouvier* [1].

Les Bergières, le 3 février 1874.

Malgré tout ce qui pèse sur moi, il faut que je vous écrive sans plus tarder, car je suis constamment occupé de vous. C'est vous qui fournissez présentement la matière de mon cours sur les idées de l'intérêt, du droit et du devoir. Après avoir exposé et sanglé l'utilitarisme, j'ai passé à la morale juridique, salué en passant nos amis de la Morale Indépendante et du congrès de Berne, pour arriver à la *Science de la Morale.*

Vous connaissez là-dessus mes sentiments, je n'y reviendrai que si mon cours s'imprime, ce dont je doute bien fort. Mon plan est évolutif, je cherche à montrer la justice naissant de l'intérêt, mais se réalisant seulement lorsqu'elle est voulue pour elle-même et comme but. Puisque la justice ne peut se réaliser que sur le fondement de la *bienveillance*, ce que vous accordez déjà dans la Science de la Morale : et plus expressément encore dans la *Critique philosophique* (quel N°?), puisque la bien-*veillance* est un *vouloir*, ce que vous finirez bien par accorder aussi, d'où je conclus que *l'idée* véritable est celle qui possède en elle-même les puissances de sa propre réalisation, que son nom est charité, qu'il n'y a point de charité sans le respect absolu du droit d'autrui, mais seulement le fanatisme, infernale caricature, etc., etc., trois lignes d'etc.

1. L'original porte : 3 février 1873 ; mais l'erreur de date est manifeste, car cette lettre répond à celle de M. Renouvier qui précède et qui est du 7 décembre 1873.

Je serais très curieux de votre jugement sur mes articles Fouillée (*Revue chrétienne*, octobre, novembre et décembre 1873), d'autant plus que j'ai à répondre à une lettre de 8 pages de cet éloquent professeur, lequel vous accuse positivement de m'avoir soufflé, — soufflé, non! rendu attentif, peut-être.

14 Mars! Voilà donc une lettre qui est restée en suspens six semaines et pendant ces six semaines j'y ai constamment pensé, je l'ai constamment portée avec moi sans trouver un moment avant ce matin pour la reprendre. J'arrivais toujours excédé de travail. C'est que j'ai eu de la besogne comme jamais depuis 20 ans. 1° Le cours de morale marqué plus haut, 15 leçons dont 13 débitées et les deux dernières préparées. J'ai achevé la critique de votre point de vue et commencé l'exposition du mien, développement de mon *Précis*. 2° Un cours de métaphysique neuf, 2 heures par semaine, où je ne pouvais employer ni le *Précis* (les élèves l'ayant déjà entendu développer) ni la *Philosophie de la Liberté* où il y a trop d'éléments empiriques, trop de subjectivité et qui, étant imprimés, ne se répètent pas bien. J'ai dû m'appuyer sur un livre étranger, n'ayant pas le temps de faire un plan et j'ai eu la chance singulière de trouver dans Henry Ritter (l'*Histoire de la phil.*) un travail conforme à ma pensée et la complétant sur divers points (le 1er vol. de son *Encyclopédie des sciences philosophiques*). Néanmoins c'est un labeur.

3° Une conférence sur le *Bonheur* [1], suite de la conférence sur la *Conscience*, faite d'abord à Lausanne le 20 février pour notre Église libre et répétée comme séance payante à Berne, Montreux, Genève, Morges (hier), sans parler de ce qui viendra encore, au profit des familles de vos déportés et de l'œuvre entreprise au milieu d'elles par mon amie, femme de M. de Pressensé. Je lui enverrai au moins 2000 francs recueillis en bonne partie parmi nos aristocrates qui ne sont pas aussi fous que les vôtres, au moins pas tous, vous voyez.

Franchement, j'ai trouvé faible votre réponse à mes objections (loi d'amour et de justice). En accordant que la justice n'est pas un mobile actif, qu'on n'en conçoit pas la pratique sans bienveillance, que celle-ci (au delà de la justice, mais en la respectant) est méritoire, qu'elle est la perfection du devoir envers soi-même = du devoir par excellence, vous m'accordez plus qu'il ne m'en faut pour ma construction rivale. L'idée de mérite, d'œuvre surérogatoire est

1. Reproduite dans les *Discours laïques*.

une fantaisie catholique qui surprendrait chez vous, si la chose y était, mais il n'y a que le mot (mot malheureux), puisqu'en réalité vous faites rentrer ce mérite dans le devoir envers soi-même. En réalité vous voulez tout ce que je veux et je ne veux que ce que vous voulez, mais il s'agit de correction systématique, de la forme et de la conséquence. Il me paraît que vous y recourez volontairement par prédilection pour le paganisme et par antipathie pour le moyen âge, pour moi je me fiche de l'un comme de l'autre, je ne veux que *l'unité de la vérité* et je trouve que l'amour vrai, la *volonté que l'être soit*, permettant seule à la justice de passer dans les faits, à l'intérêt personnel de s'entendre soi-même, est réellement la clef de voûte où toute la chaîne des notions morales est suspendue et loin de laquelle tout tombe en débris.

Je n'ai malheureusement pas l'adresse de M. Lacheret qui est rentré en France, sa patrie.

Je suis bien d'accord avec vous sur votre politique. Seulement, depuis trois mois que votre dernière lettre est écrite il paraît qu'il se produit une recrudescence de Bonapartisme qui empire encore la situation. De B. est réellement abominable avec son doctrinarisme doublé de jésuitisme et sa rouerie doublée d'imbécillité.

Ici nous allons accepter dans un mois notre nouvel acte fédératif. Je le rejetterai en vertu d'un *veto* accordé au peuple suisse pris comme unité, lequel renferme la promesse de la future suppression des cantons, que je ne saurais admettre, le principe fédératif est ma panacée et selon moi la formule du vrai métaphysique, physiologique, ecclésiastique, moral et politique == fédération de fédérations, c'est ainsi que se formule mon principe de l'amour réalisant la satisfaction des intérêts par la solidarité dans la justice.

Je vous renouvelle à temps la prière de me faire connaître à temps vos villégiatures de cette année à moins qu'il ne vous soit positivement désagréable d'avoir chance de m'y rencontrer.

Avez-vous ma *Conscience*? Recevez-vous toujours le *Compte Rendu*, avez-vous vu comment j'y suis aligné? Qu'en pensez-vous?

Je m'arrête, trop las pour engager ou pour rechercher d'autres sujets dont j'avais foule cependant et ne voulant pas que ma lettre souffre de plus longs retards.

Je suis à vous du fond du cœur.

CH. SECRÉTAN.

XLI. — M. Renouvier à M. Secrétan.

Saint-Nazaire (Var), chez Madame Coriel, 1/7, 74.

Cher ami,

J'ai longtemps et déplorablement procrastiné pour vous écrire, mais non pas sans remords, je vous assure. Prenez ce remords pour votre juste satisfaction. Au moins, suis-je à temps je l'espère, pour répondre au désir que vous avez bien voulu me témoigner d'apprendre en quels lieux, éloignés ou voisins de vos propres pérégrinations possibles, je serai poussé dans cette saison des eaux qui est celle des vacances. Et quant à ceci, en vérité, je n'aurais pas pu vous en informer beaucoup plus tôt, car je l'ignorais moi-même. Les raisons de santé ont, d'après l'expérience de l'an dernier, mis les bains de mer en première ligne obligatoire de mes indications personnelles, mais le choix de la plage était resté incertain, jusqu'à ces derniers jours. Je croyais devoir aller probablement au Grau du Roi (Aigues-Mortes) quand la difficulté d'y trouver un logement à mon goût, et les informations venues de mon ami Zurcher, de Toulon, m'ont attiré ici. La plage à vrai dire y est mauvaise, mais toutes les autres conditions excellentes : pays beau et sain, fenêtre sur la mer, ressources de la ville voisine, etc. Saint-Nazaire (Ollioules) est la deuxième station après Toulon sur la ligne de Toulon à Marseille. Il est probable que je vais rester là (avec ma femme et la bonne) installé jusqu'à la fin d'août, quoique en vérité Laigleglia, Alassio et leur admirable plage, que vous m'avez décrite, exercent sur moi une fascination lointaine, mais je prévois que ma paresse l'emportera sur toute autre considération et que je resterai où je suis. Si j'étais moins difficile à mouvoir, j'irais chercher à Alassio ou par là, quelque petite villa, ou même quelque propriété de rapport à acheter (vous vous souvenez de cet ancien projet pour lequel vous m'avez dans le temps fourni des renseignements?)... mais je n'en ai vraiment pas le courage, et le peu d'années que je sens devant moi ne suffit pas pour me stimuler à m'aller élever cette tente en Italie. Mais je m'égare en détails inutiles, cher ami, quand tout cela est pour vous dire que je serais très heureux que vos plans de cette année pussent admettre comme l'autre fois un parcours, pédestre ou autre, des côtes de Provence. Comptez bien me trouver ici, à moins de changement de station balnéaire, duquel je vous avertirais le cas échéant, aussitôt qu'il serait décidé. — J'ai lu l'attaque du professeur Astié contre la *Philosophie de la Liberté* et votre réponse. L'attaque m'a semblé d'une dialectique fort embrouillée et confuse, ce que d'ailleurs vous faites bien ressortir. Ce théologien dirige ses *malices* (que vous ne relevez pas) contre votre personne, et même cet hétérodoxe (que je dois croire tel puisqu'il malmène votre orthodoxie) arrive à prendre vis-à-vis de vous le ton inquisiteur (oh ! ces théologiens !), mais en vérité il n'est pas *malin* en philosophie, le cher homme; et je ne vois pas qu'il comprenne la question le moins du monde... excepté dans le sentiment qu'il a que M. Garreau ou moi nous pourrions bien vous avoir porté quelques bottes difficiles à parer. Mais cela ne suffit pas; il faudrait qu'il sentît aussi quelque peu, ce que les écoliers eux-mêmes finissent par savoir, et ce que vous lui montrez, que le système de la substance aux attributs nécessaires est logiquement un spinozisme. Au demeurant, vous n'attendez pas, je suppose, que j'abandonne mes propres objections en présence de votre réponse à M. Astié. Je soutiens toujours que la liberté absolue, avant la création, est une sorte de lemme logique, idée abstraite = indétermination = puissance pure, etc., et non pas ce que l'Univers appelle Dieu. A ce propos, savez-vous que je pourrais me plaindre à vous de ce que vous me faites figurer comme polythéiste avec L. Ménard, sans restriction, quand je n'ai en réalité présenté l'anthropomorphisme pluralitaire que comme une hypothèse plus capable que toute autre de résister à certaines objections? Au vrai, je ne puis admettre que je sois jamais sorti de l'idée de la *docta ignorantia* en fait d'assertions théologiques. Mais ma pauvre critique déplaît à tout le monde et je dois m'habituer au rôle d'un pestiféré dont le contact est à craindre pour chacun. Pour notre polémique sur la justice je tâcherai de traiter de nouveau la question à mon point de vue et de m'expliquer mieux que je ne l'ai fait jusqu'ici. Je devrais en être capable, car mon sentiment est vif sur ce sujet. Mais les polémiques sont bien peu fructueuses, cher ami, sans compter qu'elles mènent de point en point à tant de choses qu'il faudrait aussi débrouiller l'un pour l'autre ou l'un contre l'autre. Dans une lettre, si ce n'est encore ailleurs peut-être, le mieux est d'en appeler pour s'expliquer sans dialectique, à quelque gros sentiment significatif et révélateur du fond de l'âme. Le mien (comme celui de bien d'autres d'ailleurs), c'est que la justice implique, n'importe à quel moment de la coordination des idées, un élément original, impossible à tirer de l'amour. Je l'appellerai si vous voulez, le droit de revendication de l'égalité dans un partage entre personnes *toutes choses égales d'ailleurs* — j'entends dans le partage de l'amour lui-même, si l'amour devait avoir une distribution de bien pour conséquence. Voulez-vous réfléchir un moment à cela?

J'ai eu de vos nouvelles par l'ami Pillon durant notre séjour à Paris, et j'ai appris aussi que vous avez fait du bien à la *Critique philosophique*, de quoi remerciements bien sentis. J'ai regretté de ne pas pouvoir aller vous rejoindre à Paris à ce moment. C'eût été grande joie pour moi de vous y voir. Mais ma santé est vraiment très fragile. J'ai des infirmités et une peur horrible du froid dans les appartements.

Adieu, cher ami, croyez-moi bien à vous de cœur.

C. RENOUVIER.

P.-S. — Je regrette de n'avoir pas avec moi votre dernière lettre où pouvait se trouver quelque point auquel j'aurais aimé répondre et que j'oublie.

Je m'occupe, pour la *Critique*, d'une série d'articles sur la psychologie de *l'homme primitif* et les lois scientifiques de l'histoire (Bagehot, Lubbock, Tylor, etc.). Cela pourra vous intéresser. Il me semble au moins avoir quelque chose à dire.

Je voudrais savoir si mes articles littéraires ou quasi littéraires, Hugo, Mérimée, vous paraissent à encourager, ou si vous me conseilleriez plutôt de me confiner dans le pur métaphysique?

XLII. — *M. Secrétan à M. Renouvier.*

Lausanne (Ponthaise), le 13 sept. 1874.

Cher ami et plus que jamais cher maître,

Je ne crois pas avoir perdu de vue un seul jour votre chère lettre du premier juillet et voici en conscience le premier jour où je puis essayer d'y répondre, tant l'obligation du travail devient onéreuse quand la faculté de travail a diminué. Depuis l'arrivée de votre lettre de Saint-Nazaire j'ai été attelé à une charrue dont on me détache chaque matin fumant et rendu. Cette charrue laboure vos terres et me rend plus que jamais votre débiteur, c'est un cours de droit naturel, lequel se confond aisément avec la morale de ceux qui ne distinguent point entre le principe de la morale et celui du droit.

Cette distinction est pour moi très essentielle, j'y trouve le seul
moyen d'y dégager l'idée pure du droit. C'est à mes yeux une faute
égale de vouloir par une greffe subreptice faire sortir de l'idée
juridique des fruits qu'elle ne saurait logiquement porter, et que sa
consécration dans les consciences ne lui ferait pas porter ou bien
d'absorber le droit dans l'idée du but et de demander à la contrainte
la réalisation immédiate de celui-ci comme font les moralistes de
l'Église, les socialistes, les Jacobins, les Renan et les Mazzini d'après
votre dernier n°. Je ne songe donc point à vous suivre en tous vos
errements pas plus qu'à m'inspirer de votre fantastique idéalisation
de l'antiquité grecque et romaine, mais restant sur ces distinctions
dans les termes de la *Philosophie de la Liberté* et de mon *Précis*, je
pense trouver à peu près tout mon droit naturel dans votre *Science
de la morale*, la supposant d'accord au fond avec Benjamin Constant,
avec Tocqueville que je connais à peine, mais que je me figure avoir
écrit à peu près ce que j'essaie de penser sur ces matières. Guidez
un peu mes pas, je vous prie, dans la littérature de ce sujet où je
suis trop neuf.

Ce cours se substitue à tout autre enseignement dogmatique de
la Philosophie dans nos facultés, il formera à 3 heures par semaine
environ 90 leçons de 3/4 d'heure, mon seul enseignement avec un
cours d'Histoire de la Philosophie à 180 leçons (3 heures et deux
ans). J'ai donc dû y fondre sous la forme d'introduction le Cours de
Philosophie générale à 2 heures que j'ai fait l'an dernier de nouveau
après une interruption de quelques années, non d'après mon Précis,
mais d'après l'*Encyclopédie de la Philosophie* d'Henri Ritter, l'histo-
rien où j'ai trouvé à peu près ma propre pensée sous une forme qui
m'a paru bien plus rigoureuse, plus critique et dégagée des préoccupations de la religion positive qui vous ont paru compliquer trop la
morale de la *Philosophie de la Liberté*. Je ne pouvais plus me servir
de mon *Précis*, ayant renoncé au cours de Psychologie qu'un de
mes collègues fait au Gymnase et j'ai trouvé la morale de Ritter
préférable à celle de mon *Précis*. Le Plan et l'Étendue de son ouvrage
le rapprochent de vos *Essais de Critique générale*. C'est le 1er volume
que j'en ai extrait à mon usage. Le 2e Physique (y compris la
Psychologie) peut me servir encore pour une rapide discussion des
méthodes et des points de vue généraux en physique; le 3e Sciences

1. *Revue de Théologie et de Philosophie*, Lausanne, 1873, p. 321 et suiv.

morales, quoiqu'intéressant, ne peut me convenir, ni par son plan qui laisse le droit trop en arrière, ni même par le fond des idées. L'auteur est un des Allemands les plus raisonnables que je connaisse, mais c'est encore un Allemand.

S'il vous était possible de prendre connaissance de ce livre, suffisamment clair pour un lecteur patient et qui sait bien la langue originale, il me semble qu'il vaudrait bien une analyse et une discussion de quelque étendue dans la *Critique*, quoiqu'il ne paraisse pas avoir produit une bien grande sensation puisqu'il a paru déjà entre 1862 et 1864.

Le travail à préparer pour la rentrée d'octobre a mis hors de question tout projet de voyage, il m'eût été d'ailleurs difficile de retourner en Provence après y avoir passé l'an dernier. Les mêmes préoccupations m'ont fait entièrement renoncer au projet de répondre en bloc à toutes les critiques assez nombreuses qui ont plu simultanément sur la *Philosophie de la Liberté*, cette année. Celle de M. Astié est la plus passionnée et la moins considérable, je ne songerais pas à y revenir. Je suis d'accord que mon imputation de polythéisme était une exagération *ad hominem*, mais ayant reconnu la loyauté de mes analyses lorsque je me suis occupé directement de vous, je sais que vous m'avez pardonné cet écart de polémique. J'avoue qu'il me paraissait absurde à un théologien, non précisément orthodoxe mais archithéologien de prendre toutes ses armes dans une critique qui repose au fond sur la négation de la théologie, j'ai exprimé ce sentiment dans la forme la plus plastique, sinon la plus juste. Il me semble que j'ai déjà répondu à votre désir sur la nécessité de faire une place à part et importante aux idées de justice, d'égalité et de réciprocité en vous choisissant pour guide en droit naturel. Il me semble que vous deviez déjà trouver cette tendance bien marquée dans ma conférence de 1873 sur la Conscience, que vous avez lue. Si elle apparaît moins dans celle de ce printemps sur le bonheur, c'est uniquement parce que le sujet tel qu'il pouvait être touché dans une seule leçon populaire ne m'y appelait pas. Je vais vous l'envoyer. (Elle a paru encore dans le *Chrétien Évangile*, organe de notre Église libre. Le rédacteur de ce journal aimerait bien que vous fissiez échange avec lui.) J'aspire à rendre sensible la proposition qu'il n'y a point d'amour sans justice (telle que vous l'entendez). Quant à vous et à votre école vous essayez, vous habilement, d'autres très naïvement, de tirer les devoirs de bienveillance de la notion de justice. Quel que soit celui *qui ait tort ou raison* le débat *entre nous* est purement spéculatif, la conception pratique du bien moral, la conception pratique de l'État et du droit sont identiques. De telles controverses ne nous sépareront point, peut-être pourraient-elles nous servir réciproquement, même quand nous persisterions à représenter deux points de vue, conséquence de deux points de départ. Faites de la littérature. Faites aussi de la politique, de la politique actuelle. Faites beaucoup de littérature afin de parler de plus en plus la langue littéraire en philosophie. Pour moi je n'en ai nul besoin. J'aime votre langue technique et neuve. Mais je la crois un obstacle à la diffusion de la Critique que je continue à chérir de tout cœur.

CH. SECRÉTAN.

XLIII. — *M. Renouvier à M. Secrétan.*

La Verdette, 11/1, 75.

Cher ami,

Moi qui pense à vous si souvent, et à vos ouvrages et à vos aimables lettres, je n'ai pas besoin pour être sommé de remplir mes devoirs de correspondant de cette entrée d'année nouvelle qui nous rappelle les amis qui sont loin, et même les simples connaissances. Cependant elle augmente mes remords et me donne la force de vaincre ma paresse. Et puisque j'ai commencé par cette allusion au jour de l'an permettez que je vous souhaite force et santé pour les travaux dont vous êtes surchargé et puis toutes les satisfactions qui vous sont dues ou que vous pouvez désirer, compatibles avec notre âge, hélas! décidément vieillissant et dont je commence à bien sentir le poids pour mon compte. Je m'estime très heureux d'être attelé à la *Critique philosophique*, et j'y suffis en ne cherchant pas — ne forçons point notre talent — à mettre dans ma rédaction la souplesse et la variété qu'il y faudrait pourtant. Mais dans l'année qui vient de finir je me suis vraiment surmené pour mettre fin aux additions nombreuses que réclamaient mes *Essais* pour une seconde édition, et puis à un autre ouvrage auquel j'ai dû tâcher de donner quelque valeur littéraire (Oh!). Ce dernier n'est même pas tout à fait fini? Vous en ai-je jamais parlé? Ce sera le développement d'un travail informe et mal écrit qui avait été commencé il y a quinze ou vingt ans dans certaine Revue, et cela s'appelle l'*Uchronie*. Il y aura là-dedans de quoi scandaliser bien des âmes, mais je suppose qu'on ne le lira pas. Je vais tout de même. Je suis heureux de ce que vous me dites de l'utilité dont vous est ma *Science de la Morale* pour votre cours de Droit Naturel. Vous avez raison, je pense, d'estimer nos dissidences être de spéculation bien souvent, plus que, comment dirai-je? de cœur, et ces difficultés en théorie mériteraient d'ordinaire aussi d'être appelées querelles de mots. Le pauvre esprit humain de vous et de moi n'est seulement pas capable de se certifier son accord ou son désaccord, et si, que ne veut-il pas connaître! (*sic*) Nos vraies diversités à nous deux, cher ami, tiennent à la foi. Vous en avez une, vous, par delà la philosophie, mais moi, j'en suis bien marri, je n'en ai aucune dans ces endroits-là, ayant eu le bonheur d'être un petit payen dès l'âge de la dite première communion et avant. Il est vrai que je n'en valais pas mieux pour cela, mais les choses se sont un peu rangées.

Vous pensez bien que je n'ai pas pensé un seul instant à vous croire l'auteur de l'article, quoique si bienveillant, que m'a consacré la Revue de MM. Dandiran et Astié. Vous êtes un peu brouillé avec ce dernier, je suppose, mais surtout je n'ai reconnu ni vos idées propres, ni votre manière. Pouvez-vous me dire qui est l'auteur? Est-ce M. Astié lui-même? Mais surtout ma réponse vous a-t-elle semblé convenable et savez-vous si elle n'a produit aucun mauvais effet? Ce serait bien contre mon intention.

Ce que vous me dites du mérite de l'*Encyclopédie de la Philosophie* de Henry Ritter n'est pas sans m'étonner, ses livres d'histoire de la philosophie m'ayant toujours paru s'élever peu au-dessus de l'érudition dans ces matières. Mais, vous savez, je ne peux rien lire en allemand. *Germanum est, non legitur.* C'est un terrible empêchement à ce que la *Critique philosophique* rende compte de cet ouvrage dont il y aurait même, dites-vous, une sérieuse étude à faire.

Je goûte bien vos conseils au sujet de la *Critique*. Mais il est difficile à un vieux de changer de méthode et l'ami Pillon a par malheur mes qualités et mes défauts ou à peu près.

Adieu, cher ami, je vous embrasse bien cordialement.

C. RENOUVIER.

XLIV. — *M. Secrétan à M. Renouvier.*

La Ponthaise, Lausanne, le 16 janv. 1875.

Cher ami,

Combien j'ai attendu votre lettre! Il me semble presque cette fois que je l'ai trop longtemps attendue, mais le tableau de vos occupations présentes m'explique tout. Combien j'aurais voulu vous causer de cette métaphysique de Ritter et de mon cours de Droit naturel dont la littérature m'est si déplorablement étrangère. Et d'abord, quant à la métaphysique, figurez-vous que je l'ai résumée pour mes leçons. Elle marquait assez précisément la ligne où ma propre réflexion tendait depuis assez longtemps tellement que mon précis de 1868 (proprement 1862) se trouverait, si les questions un peu difficiles n'y étaient pas éludées, tenir une sorte de milieu entre la *Philosophie de la Liberté* et la doctrine de Ritter. Impossible de créer à jour fixe, je l'ai suivi, quoiqu'il ne me satisfasse pas entièrement quant à la base qu'il fournit à la morale. C'est une métaphysique excessivement sobre, très influencée par le Kantisme, suivant beaucoup Aristote et Leibniz. Il oppose *nettement*, comme je le faisais plutôt *instinctivement* et moins complètement, la pensée immanente, qui part du phénomène donné par la sensation pour l'expliquer par ses causes prochaines, les idées particulières (intelligibles non sensibles) et la pensée transcendante, obligée pour échapper aux contradictions de statuer des propositions transcendantes, *qu'elle ne comprend pas,* savoir : *a*) le monde, soit la coordination dans un plan d'ensemble et pour un but total des intelligibles particuliers, lesquels se réalisant eux-mêmes, progressivement, ne peuvent être, avant tout acte d'eux, qu'un minimum, pure puissance ou pure idée; *b*) puis, le monde en puissance ne s'expliquant pas de lui-même, Dieu pur acte, source et lieu de toute puissance, libre, infini et absolu, postulat de la raison et nécessaire à la dernière explication du phénomène, mais incompréhensible en soi. La contradiction du nombre infini lui sert de preuve à la relativité du temps et de l'espace, quoiqu'il se rende bien compte de notre incapacité à affranchir notre pensée de la représentation du Temps.

Nous ne pouvons donc comprendre de Dieu que son rapport au monde, son activité dans le monde (proposition que je m'efforçais d'atteindre, maladroitement peut-être dans la *Philosophie de la Liberté*). Encore cette réduction de la Providence à des termes philosophiquement acceptables fera-t-elle beaucoup crier les Chrétiens et les Théistes ordinaires, mais elle exprime assez mon sentiment constant. Cet acte pur, sans succession, sans changements, ressemble fort à l'Inconnaissable de H. Spencer, au soi-disant néant de M. Renouvier (suivant les explications de sa correspondance), et me paraît le remplacer avec avantage pour la pensée *a priori*.

J'aurais voulu m'entretenir avec vous de tout cela; le phénoménisme ne peut absolument pas entrer dans mon étroite cervelle, je ne comprends pas un phénomène attribut d'un autre phénomène, être et paraître me semblent des corrélatifs absolus, dont l'un tombe absolument dès qu'on touche à l'autre, et si derrière le phénomène il n'y a rien que lui, je ne comprends absolument ni la *science*, ni l'*erreur* possible. Je soupçonne véhémentement tout phénoménisme qui prétend échapper à Protagoras d'être un faux phénoménisme et de réintroduire subrepticement quelque part l'inévitable substance, comme Condillac l'inévitable activité morale.

Je ne puis pas vous faire copier mon cours, parce qu'il est trop chargé d'abréviations, mais je voudrais beaucoup trouver deux jours pour vous le lire. Je voudrais vous lire aussi la 2ᵉ partie, le Droit Naturel, où vous m'avez servi de fil conducteur et de guide, quoique je n'aie pas pu souscrire à tous les détails. Vous verrez, je pense, ce printemps, dans la *Bibliothèque universelle* ou dans le *Chrétien évangélique* (qui a dû vous apporter mon Bonheur avec lequel j'ai eu celui de faire 2000 fr. pour les pauvres des faubourgs de Paris et qui demandait alors, je crois, la faveur d'un échange avec la *Critique*); je vous enverrai, dis-je, ce printemps ma Conférence sur les conditions morales de la liberté politique [1] où l'on verra bien que je suis libéral pur sang et aussi où je vois la difficulté pour bien des peuples de constituer la liberté politique, en d'autres termes la contradiction inhérente à l'esprit du peuple ou de l'homme qui prend pour but absolu ce qui de son essence, en vertu de sa place dans l'économie du monde et de la pensée, n'est et ne peut être que condition et moyen. Je voudrais vous montrer tout cela avant d'avoir terminé mes cours, avant que vous ayez commencé d'imprimer les *Essais*. Je ne me surfais pas et je n'ai point de pré-

1. Discours laïques, 323.

tention à vous convertir. Sur la question morale, je sais parfaitement, 1° que nous sommes d'accord sur le fond; 2° que ma formule
est plus adéquate à ce fond; 3° que pour des raisons pratiques, en
tous cas sérieuses, vous ne l'adopterez point. Nous nous entendions
parfaitement avec M. Pillon sur l'opportunité d'un rapprochement
graduel, partant chacun de sa base, le Criticisme développant ce qu'il
a déjà expressément et réitérément accordé, que sans bonne volonté
positive à l'égard du prochain, on ne saurait observer à son égard
l'équité et la réciprocité véritable; et moi : que sans un entier
respect de la liberté et du droit du prochain, la charité n'est point
la charité, que l'amour de soi-même est compris dans celui de tous,
etc., etc. Mais sur la question métaphysique, sur la question de la substance, *l'illusion de la substance*, je voudrais me tirer au clair, je voudrais voir où est, et de quel côté le malentendu. Ritter m'intéresse
surtout par la manière nette et rigoureuse dont il fait le départ des
droits de l'*a priori* et de l'expérience et dont il pose le problème de
la philosophie. Point de départ : le phénomène. Mobile et critère :
l'idée de la science, la donnée *a priori* que le phénomène a besoin
d'explication et qu'il doit et qu'il peut être expliqué. Objet de la
philosophie pure : Exposer les conditions d'une explication du phénomène en général (sans s'appuyer sur aucun phénomène en particulier, sur aucune donnée expérimentale *si non qu'il y a des phénomènes*). En d'autres termes : *formuler les postulats de la raison.*
Conséquence limitative : La philosophie qui n'emprunte rien aux
sciences, ne leur prescrit rien non plus, sinon de rester logiques
de respecter ses postulats. Elle ne prétend nullement formuler le
système du monde ou prévoir l'histoire. L'explication du monde ne
saurait être qu'une œuvre combinée de l'expérience et de la *science a
priori* et ne saurait avoir qu'une valeur relative et provisoire parce
que nul fait n'étant connu que dans son rapport avec les autres,
nul fait expérimental n'est vraiment su et rigoureusement certain
tant que l'évolution n'est pas achevée. Pourrais-je vous voir? Ma
chaîne n'est pas assez longue pour atteindre à la Verdette et y faire
séjour du vendredi à midi au mardi à 11 heures, et au printemps, je
crains le climat qui semble m'en vouloir, mais si quelqu'affaire vous
appelait à Lyon ou Grenoble, ou n'importe où dans ce rayon, vous
seriez bien aimable de m'aviser.

Depuis que mes cahiers sont achevés, je vis dans une torpeur
intellectuelle absolue et irritante, favorisée d'une goutte qui me

tient depuis trois mois, Monsieur; elle n'est plus du tout méchante, mais obstinée, obstinée en diable. Adieu.

Ch. Secrétan.

XLV. — M. Renouvier à M. Secrétan.

La Verdette, 2/5, 75.

Cher ami,

Je saisis au vol la circonstance de l'aimable communication que vous me faites d'une nouvelle pour laquelle je vous prie de recevoir mes félicitations cordiales — non pas pour payer précisément toute ma dette épistolaire, car il y a tant et tant de choses dans votre dernière lettre que je n'ose les prendre par ordre — mais au moins pour faire acte de celui qui voudrait bien la payer. Puis pour vous demander quels sont vos projets d'emploi du temps des vacances. Vous devez avoir grand besoin de la diversion et repos d'esprit que donnent ordinairement les voyages à ceux qu'au contraire ils ne troublent pas. Moi, quoique n'étant pas bien décidé encore, je me sens bien enclin à prendre cette année des bains sulfureux — et d'air des montagnes — sauf à revenir à la mer à la fin de la saison. Si je vais à Aix, avec ma petite smala, et non aux Pyrénées, je ne manquerai pas de vous en prévenir, et dans ce cas-là, j'espère bien que vous pousserez jusque là. C'est si près de vous, et vous aimez la locomotion?

J'ai lu votre article de la *Revue Suisse* et j'ai constaté avec regret que l'abîme béant — dans les systèmes, et que trop aussi, bien souvent, dans l'esprit et méthode des églises — l'abîme entre la justice et l'amour ne tendait pas à se combler entre nous. Vous autres chrétiens vous êtes terribles en ce que vous répugnez absolument à mettre vos vérités, mais que dis-je? votre unique et absolue vérité, dans un certain *ex æquo* logique et pratique avec les vérités crues par les autres. L'intolérance par amour, quoique vous y répugniez vous-même personnellement beaucoup, est toujours, je le crains, au bout de votre système religieux. La morale qu'on s'est mis de notre temps, et ce n'est pas mal trouvé, à appeler la *morale juridique*, semble répugner à toutes vos églises. C'est très malheureux. Voyez combien la question du serment ecclésiastique est mal comprise par les conservateurs et même par les libéraux?...

Je serais embarrassé pour vous donner sur la question de la

8

méthode phénoméniste de meilleurs éclaircissements que ceux que
j'ai été capable de mettre dans le *premier essai*. Je tâcherai cependant d'esquisser quelque chose sur un autre ton pour la *Critique
philosophique*. Cependant, si vous voulez prendre le chemin d'aller
bien au fond de ma pensée sur cela, c'est de songer un moment à la
manière dont les physiciens entendent étudier la matière, aujour-
d'hui qu'ils se rendent à peu près compte de leur procédés. Ils
savent qu'ils ne la connaissent pas. Ils travaillent à la connaître.
Mais à connaître quoi? A connaître des connexions spécifiques de
phénomènes, qui sont des *corps* et des *éléments* des corps; et ensuite
des connexions de ces connexions qui sont des *lois*. Or il me paraît,
ou plutôt je suis sûr que nous ne pouvons connaître mieux ni autrement les *idées*, les *facultés* et les *esprits*, ni chercher autre chose que
des lois, dans cet ordre, ni obtenir que la *substance* soit autre chose
qu'un mot désignant l'*idée générale* du rapport d'une chose attribuée
à une autre chose.

Adieu, cher ami, soignez bien cette goutte et évitez les causes qui
pourraient en amener de gros accès. A vous bien cordialement.

C. RENOUVIER.

XLVI. — *M. Secrétan à M. Renouvier.*

Lausanne, Ponthaise, le 8 mai 1875.

Cher ami!

Depuis cette longue lettre que vous dites pleine et dont il me
souvient peu, je vous en ai écrit en esprit plus d'une autre, non
moins longue et non moins pleine. Seulement comme elles se
composaient pour une grande part de questions, la prudence m'a
conseillé de les garder *in petto*, vu leur faible chance d'aboutir. Et
d'abord quant à l'été, je ne voyagerai pas, ce qui s'appelle voyager,
1° parce que j'aurai beaucoup d'ouvrage pressant; 2° parce que
j'aurai beaucoup moins que peu d'argent; 3° parce que j'ai déjà
fait mon voyage de l'année, ayant passé trois semaines à Rome avec
deux de mes filles. Mais à plus forte raison serai-je prêt à vous aller
voir à Aix, si vous y faites cure. Seulement, ce qui est vrai pour l'un
l'est aussi pour l'autre, une fois à Aix vous n'êtes plus qu'à quatre
heures de Lausanne en chemin de fer, arrêts compris, et ne vous
flattez pas de m'échapper. Depuis notre déménagement nous avons
plus de place (plus de pièces) que précédemment, nous sommes

encore dans la verdure, à la campagne, banlieue sans doute, mais
sans ses cabarets, sa poussière et ses horreurs habituelles. Je pro-
mets à Mᵐᵉ Renouvier tout ce que le laitage peut offrir et pour
peu que le temps nous favorise, vous trouverez, je m'assure, que le
lac de J.-Jaques et de Byron est à la hauteur de sa renommée. A
Aix, qui est pourtant bien peu montagneux et bien peu solitaire
pour s'y reposer, à Aix ou à Lausanne je finirai par vous lire mon
cours de Droit Naturel calqué sur votre morale et mon cours de
Logique et Métaphysique : emprunté à Ritter. Peut-être trouverons-
nous moyen de comprendre ce qui nous sépare, ou plutôt selon moi
de dissiper l'illusion qui nous fait croire à un désaccord dans les deux
questions philosophiques que vous avez bien voulu toucher.

Je commence par la morale qui est plus concrète et où je crois
voir plus clair. Je savais bien que ma lecture vous irait sous les
ongles, mais je n'y pouvais rien. En dépit de vos réclamations et
de vos craintes, je suis et reste certain que nos pensées sont identiques, que le désaccord est dans la forme et que la mienne est plus
correcte, parce qu'elle est plus complète et plus compréhensive. Cet
accord a été constaté entre nous il y a déjà plusieurs années lorsque
vous avez accepté comme expression de votre pensée la formule
suivante ou à peu près : La bienveillance comme force motrice,
impulsion de la volonté morale. La justice comme forme, règle et
limite de la bienveillance. Cette concession, si c'était une concession, ne devait coûter qu'à vos habitudes d'esprit, elle était commandée par vos déclarations antérieures. N'avez-vous pas accordé
dans votre système de morale (*Science de la Morale*) que la bienveillance est nécessaire pour pratiquer la justice? (C'est là le point, le
fond, le tout.) N'avez-vous pas fait du dévouement, du renoncement
à son droit strict pour le bien d'autrui, une vertu supérieure, un
mérite, donc un bien. Mais qu'est-ce, je vous prie, qu'un bien meilleur
que *le bien*? Mieux que le bien serait le mal tout simplement. Vous
expliquez ce bien méritoire, surérogatoire comme la perfection
(= l'accomplissement) du devoir *envers soi-même*. C'est parfait, je
suis entièrement d'accord. Devoir envers soi-même, non envers tel
ou tel, nul n'a le droit de m'imposer la charité. Mais comment celle-
ci peut-elle être devoir envers moi-même si elle n'est pas impliquée
dans la réalisation de mon idéal, si mon idéal n'est pas la charité?
Donc tout mon système est impliqué dans *la Science de la Morale*.
Le thème de ma conférence était simplement celui-ci : « L'État ne

peut procéder que par la contrainte. Le bien positif de l'humanité
ne peut être réalisé par les voies de la contrainte (vous avez dit la
même chose des milliers de fois). Donc l'état n'est pas un but, mais
un moyen, qui suppose un but; donc l'état n'est pas la sphère supérieure de l'activité morale, etc. — Plus précisément. Le bien positif
de l'humanité ne peut être cherché par l'État, par les voies législatives ou de contrainte qu'en supprimant la liberté des individus.
Donc accorder à l'État la première place, c'est anéantir la liberté. —
Autrement : On s'intéresse à l'État comme moyen ou comme but. *Si
c'est comme moyen*, c'est alors qu'on possède un but; et nécessairement il faut quelque accord sur le but (quelque accord, l'accord complet n'est point nécessaire), autrement on ne saurait s'entendre sur le
moyen; si c'est *comme but*, la liberté de l'individu est impossible. Loin
de répugner comme vous le dites à mettre mon unique et absolue
vérité (que le développement normal de l'individu implique son rapport normal au tout, la constitution de l'unité morale et que celle-ci
implique un objet commun = Dieu) loin de répugner à la mettre
dans un certain *ex æquo* logique et pratique avec les vérités crues
par les autres ». Ce serait toute mon ambition d'en montrer l'équivalence et la réductibilité réciproque (si j'entends bien qui sont *les
autres*). Ce n'était pas l'objet de ma conférence à la Chapelle, mais
j'y ai tendu dans mon cours de Droit Naturel. Si *l'intolérance par
amour* est *au bout de mon système religieux*, je demande absolument qu'on me le prouve, m'engageant de mon côté (gardez cette
lettre) à réformer ou à abandonner ce *système*, aussitôt que la
démonstration sera fournie, pourvu, bien entendu, que le mot intolérance conserve le sens qu'il doit avoir dans la morale juridique,
intolérance légale, inégalité politique, quelque chose de palpable
en un mot et qui se traduise en faits.

Mon fils unique, un bachelier de 19 ans, qui s'est jeté avec
ardeur sur la philosophie, mon fils, votre lecteur très assidu et très
sympathique, prétend du reste que la morale de l'amour et celle de
la justice ont devant elles trop d'ennemis communs pour avoir le
temps de se quereller. Je vous recommande beaucoup pour la *Critique philosophique* et pour l'élucidation du dernier point traité
ici : *a*) la Biographie de Vinet par Rambert qui vient de paraître;
b) les œuvres de Vinet et notamment l'Essai sur les manifestations
des Convictions religieuses; *c*) les articles d'Ed. de Pressensé dans
la *Revue chrétienne* sur les divisions du protestantisme français

(Revue du mois). Vous verrez là combien notre école est loin de l'intolérance. Je vous recommande enfin M. Rey.

Pour la substance, je crains de ne pas comprendre encore. Vous parlez d'une *chose* attribuée à une autre chose.

Chose, dans ma langue, est presque synonyme de substance. Mais, dans la vôtre? Peut-on attribuer un phénomène à un phénomène? Parler du phénomène d'un phénomène? J'y trouve des difficultés. Je conçois mal l'immortalité d'un phénomène. Et s'il s'agit de l'immortalité d'une loi de succession des phénomènes, si cette loi est individuelle, personnelle, elle touche de bien près la substance au sens que j'admets. Pour moi j'ai tout à fait rejeté l'idée d'une substance séparable de ses attributs intelligibles autrement que par les phénomènes qui les manifestent. La substance est pour moi un *x*, qui de sa nature et non par infirmité de mon esprit, ne peut être connue que par ses effets, mais que mon esprit conçoit nécessairement comme ce dont les phénomènes sont les signes, comme la cause persistante des effets coordonnés et dans la série manifeste ce que nous appelons un être, une personne, p. ex.

Adieu, à cet été, tout à vous.

CH. SECRÉTAN.

XLVII. — *M. Renouvier à M. Secrétan.*

Le Vernet-les-Bains, 13/8 75.

Cher ami,

Après bien des irrésolutions je me suis décidé à porter les cinq ou six infirmités de ma soixantaine aux eaux des Pyrénées qui me sont connues et dont j'ai cru éprouver déjà deux fois de bons effets. Je fais donc une cure au Vernet dans la solitude de ces bains du quatrième ordre, dans l'admirable contrée du Canigou, d'ailleurs complètement sale et sans ressource aucune : après quoi je compte aller passer une quinzaine à Paris. Pardonnez-moi d'avoir résisté à l'attrait de la visite que vous me faisiez espérer au cas où j'aurais donné la préférence au vaste caravansérail d'Aix. Vous m'invitiez aussi avec beaucoup d'amitié et de grâce à me faire votre hôte aux Bergères. Ah! que je voudrais avoir l'humeur voyageuse de ma vingtième année, au lieu de l'horreur des déplacements et de tout changement d'habitudes, et être surtout délivré de l'humeur sauvage et de l'horrible *timidité* avec laquelle je suis né, avec laquelle

je mourrai! Vous ne pouvez avoir la moindre idée de ce que c'est.
Dans tout cela, quand connaîtrai-je votre cours de Droit Naturel?
Il faudra que vous me le lisiez à la *Verdette*, ce dont je ne désespère
pas, au printemps prochain, vous qui voyagez si volontiers le sac
au dos, ou que j'attende qu'il soit imprimé. Mais ne le sera-t-il pas?
On voit bien mieux alors, et même j'avoue que je ne vois jamais bien
qu'ainsi les choses précises, les accords et les dissidences. En
attendant je suis bien flatté de ce que vous me dites de l'utilité
dont vous a été ma *Science de la Morale*. Non que je croie à notre complète harmonie, car elle ne me semble guère possible de l'homme
religieux que vous êtes à l'incrédule que je suis, mais c'est beaucoup
d'arriver nonobstant à la sympathie cordiale et assurance de *bonne*
volonté de l'un chez l'autre. Bonne volonté, vous savez? dans le grand
sens de ces mots dans *Fondement de la métaphysique des mœurs*.

Une chose qui m'a ravi dans votre si aimable lettre — si ancienne
déjà, j'en vois la date là devant moi et j'en suis confus — c'est ce
que vous m'apprenez que vous avez un grand fils amoureux de philosophie. Heureux père! Et qu'il a bien raison de dire que la morale
de l'amour et la morale de la justice ont trop d'ennemis communs
pour se pourfendre mutuellement. Et toutefois je voudrais dire à ce
jeune philosophe que tous les socialistes et positivistes du monde
sont pour la morale de l'amour, fâcheuse recommandation pour
elle. Ils n'en sont pas moins nos adversaires communs, et bien redou-
tables. Je suis effrayé des progrès du *scientificisme*. Le monde devient
horriblement bête. Il n'y a plus ni logique, ni bonne foi, ni bonne
humeur. Le seul but est de faire tort à quelqu'un ou à quelqu'idée
n'importe par quels moyens. Tout va se préparant pour une explo-
sion énorme à la fin du siècle. Ce qui arrivera aux catholiques ils ne
l'auront pas volé, mais on se sera fait bien du mal pour leur en
faire, et la pauvre France risque d'y crever. Votre ami de la *Revue*
Suisse dit quelques bonnes choses, trop longues, sur la *France*
actuelle, mais il croit nos bourgeois pas plus gâtés que ceux des
autres nations. Je crois qu'il se trompe : *ce ne sont plus là des*
hommes, ils me font horreur. Remarquez que notre aristocratie d'il
y a cent ans ne valait pas, elle n'avait même jamais valu les aristo-
craties des autres pays, sans nier bien entendu les exceptions dans
la bourgeoisie comme dans la noblesse. Y aurait-il dans le caractère
français quelque chose qui lui rendrait *la fortune plus difficile à bien*
porter? Question. Mais où vais-je m'égarer?

Vous aurez remarqué bien sûr dans la *Critique philosophique* un article sur la méthode des phénomènes, où je me suis permis de prendre vos objections, ou à peu de chose près, pour y répondre. J'aimerais savoir si vous saisissez bien ma pensée, car je crois fermement que sur ce point il y aurait moyen de s'entendre, le fond des croyances n'étant pas impliqué là, mais seulement la manière de traiter les questions et de sortir des impasses de méthode où la philosophie est acculée.

Je n'ajoute donc rien ici sur le phénoménisme. Quant à la question morale voici ce que je trouve à dire. Je le mets sur une feuille séparée en regard de vos propres lignes que je copie pour être plus bref et pensant bien que vous ne les avez pas conservées.

Adieu, cher ami, je suis bien cordialement vôtre.

C. RENOUVIER.

Mon adresse la plus sûre à la Verdette.

* *

« L'accord, me dites-vous, a été constaté entre nous il y a plusieurs années quand vous avez accepté la formule suivante ou à peu près : la bienveillance comme force motrice, impulsion de la volonté morale, la justice comme forme règle et limite de la bienveillance. Cette concession si c'était une concession[1] ne devait coûter qu'à vos habitudes d'esprit, elle était commandée par vos déclarations antérieures. N'avez-vous pas accordé dans votre *Science de la Morale* que la bienveillance est nécessaire pour pratiquer la justice? (C'est là le point, le fond, le tout[2].)

N'avez-vous pas fait du dévouement, du renoncement à son droit strict pour le bien d'autrui, une vertu supérieure, un *mérite*, donc un bien? mais qu'est-ce je vous prie qu'un bien meilleur que le *bien*[3]? Mieux que le bien serait le mal tout simplement[4]. Vous expli-

1. Non, ce n'était pas une concession et cette idée m'était familière. Je n'ai jamais approuvé Kant d'avoir admis un jeu possible de la raison sans le sentiment, sans la passion.

2. Le tout? Mais non. Le fond mais qu'est-ce? Dans la machine à vapeur le feu, le mouvement calorifique est impulsion, force locomotrice (le tout et le fond, diriez-vous), mais les organes de la machine sont *forme, règle et limite* Sans le feu pas de soulèvement du piston, mais il faut aussi pour le jeu utile de la force un corps de pompe, des robinets et des articulations.

3. C'est simplement un *mieux*. Et il y a des conditions à remplir dans ce bien avant de viser à ce mieux.

4. Oui, si les conditions du bien ne sont pas d'abord remplies.

quez ce bien méritoire, surérogatoire comme la perfection (= accomplissement) du devoir envers soi-même. C'est parfait... devoir
envers soi-même, non envers tel ou tel, nul n'a le droit de m'imposer la charité, mais comment celle-ci peut-elle être devoir envers
moi-même si elle n'est pas impliquée dans la réalisation de mon
idéal, si mon idéal n'est pas la charité[1] ? Donc tout mon système est
impliqué dans la *Science de la Morale*. Le thème de ma conférence
était simplement celui-ci : L'État ne peut procéder que par la contrainte (vous avez dit la même chose des milliers de fois) donc l'État
n'est pas un but, mais un moyen qui suppose un but[2]. Donc l'État
n'est pas la sphère supérieure de l'activité morale[3]. Plus précisément : le bien positif de l'humanité ne peut être cherché par l'État,
par les voies législatives ou de contrainte, qu'en supprimant la
liberté des individus[4]. Donc accorder à l'État la première place,
c'est anéantir la liberté[5]. Autrement on s'intéresse à l'État comme
moyen, ou comme but. Si c'est comme moyen, c'est alors qu'on possède un but, et nécessairement il faut quelque accord sur le but
(qq. accord, l'accord complet n'est point nécessaire) autrement on
ne saurait s'entendre sur le moyen ; si c'est comme but, la liberté de
l'individu est impossible[6]. Loin de répugner comme vous le dites à
mettre « mon unique et absolue vérité » que le développement
normal de l'individu implique son rapport normal au tout, la constitution de l'unité morale, et que celle-ci implique un objet commun
(= Dieu), loin de répugner à la mettre « dans un certain *ex æquo*
logique et pratique avec les vérités crues par les autres », ce serait
toute mon ambition d'en montrer l'équivalence et la réductibilité
réciproque (si j'entends bien qui sont les autres[7]). *Si l'intolérance*

1. Idéal, sans doute, idéal ultérieur, dernier, au delà du règne des *formes*,
règles et *limites* du règne des lois.
2. Distinguo : En tant qu'il use de contrainte l'État est non but, mais en
tant qu'il vise au règne de la loi juste volontairement obéie il est but en son
propre but : il est le but temporel de l'homme social.
3. Il est la sphère supérieure sociale, rationnelle et universelle, de sa nature
et la seule de cette espèce (savoir en tant que but).
4. Limiter n'est pas supprimer, surtout quand les limitations étant mutuelles
à l'égard des individus, ne nient que pour affirmer.
5. Si l'État est juste, c'est le fonder.
6. Au contraire, comme but il est la liberté, comme moyen la loi (la limite)
et au besoin seulement la contrainte (pour forcer la limite). Et on s'intéresse à
la fois au but et au moyen.
7. J'entendais par les *autres* ceux qui ne pensent peut-être ni comme vous
ni comme moi sur ce sujet. Ainsi (par définition) il nous est interdit de
chercher à montrer l'équivalence de leurs opinions et des vôtres ou des miennes.

par amour est au bout de mon système religieux[1], je demande absolument qu'on me le prouve[2], m'engageant... pourvu que le mot intolérance conserve le sens....

XLVIII. — *M. Secrétan à M. Renouvier.*

Cher ami,

J'ai soixante ans comme vous, soixante ans et sept mois quatre jours, de plus une maladie spinale qui en a bien 20 ou 21 et qui m'a rendu toute concentration prolongée impossible. C'est pourquoi il m'est si difficile d'entrer dans une pensée étrangère. Il y a beaucoup de choses dans vos éclaircissements sur la substance qui me sont restées obscures. J'en suis toujours au même point, je ne comprends pas de proposition sans sujet, d'acte sans auteur, de modification sans substance. Quand un objet brillant se meut, je ne conçois, ni qu'il y ait mouvement sans un objet en mouvement, ni que ce soit le fait de briller qui soit en mouvement, ni que ce soit un poids sans objet pesant qui brille et se meuve, etc. Vous dites vous-même (dans un passage du numéro 26 sur la fin, malheureusement ce numéro si important pour moi semble égaré), que l'idée de substance répond à une *loi de l'esprit.* Tout en reconnaissant qu'il y a de l'artificiel dans les formes de la pensée (un artificiel qui, je crois, se ramène à peu près constamment à des notations abrégées, à des ellipses), tout en admettant qu'il y a des propositions dont les sujets ne sont pas des idées de substance mais d'attributs de S. ou de rapports entre des S, cependant il me semble que si la substance

1. Voici ce que je puis dire : Si l'État n'a pas la *première place* et s'il est un *moyen*, de quoi est-il moyen et qu'est-ce qui a la première place? — Naturellement *votre vérité* (= croyance), donc la mienne, donc celle d'une tierce personne. Il sera naturel que chacun voulant user de ce qui est moyen pour aller à ce qui est but soit intolérant par amour du but; si ce n'est par soi-disant démonstration du but. Où sera l'empêchement à l'intolérance ? — dans la charité me répondrez-vous. — Mais la charité n'est pas loi et règle en elle-même; *encore moins si je consulte les faits.* Je ne vois qu'un empêchement possible. C'est que, de même que les anciens chrétiens pensaient devoir allégeance à César comme *puissance établie de Dieu,* de même les églises d'à présent reconnaissent une juridiction supérieure de l'État, en cela premier, *comme juge en raison* et arbitre du droit commun, neutre dans les croyances. (C'est au moins ce que l'État devrait être mais il ne l'est peut-être pas? Et les églises sont-elles ce qu'elles doivent être?)
2. J'en serais bien fâché quand je le pourrais. Il me suffit de vos dénégations et des réflexions que je serais heureux de vous suggérer.

est une conception nécessaire de l'esprit, si l'esprit a besoin d'un sujet et ne peut concevoir un tel sujet en dernier ressort que sous la raison d'une substance, cette loi de l'esprit est aussi une loi des choses, car enfin si les lois de l'esprit n'étaient pas d'accord avec les lois des choses, la science serait impossible. Vous pensez que l'affirmation de la substance est panthéiste? pourquoi pas polythéiste, atomistique? Et cela même, pourquoi? La notion de substance s'identifie dans mon esprit avec celle de cause, nier la substance c'est nier la causalité (voir mon Précis, p. 89 au milieu). Si vous niez la substance au sens où je l'entends, je crains que vous ne tombiez dans l'illusion des moralistes anglicans lorsqu'ils croient avoir conservé le devoir en le fondant sur un penchant sans autorité, dans l'illusion des empiristes en général lorsqu'après avoir verbalement éliminé tout *a priori*, ils n'avancent cependant que par l'emploi constant de notions dont ils sont incapables d'indiquer l'origine *a posteriori*. Pour la morale, je persiste à croire que nous sommes d'accord, d'autant plus que j'admets de vos notes à peu près tout ce que j'en comprends, et notamment que les Églises doivent reconnaître la juridiction supérieure de l'État, aussi bien que toute autre association particulière, sous la double réserve, bien entendu, des limites que vous apportez au devoir d'obéissance dans la science de la Morale, et de l'idée même de l'État qui ne doit commander que dans sa sphère. Mais il me semble que vous n'êtes pas entré dans le fond de ma pensée, vous semblez supposer que la première place dans les affections implique la première place dans l'autorité : elle l'exclut au contraire, l'Église ne peut agir par l'affection qu'en renonçant à agir d'autorité et s'il faut pourtant qu'il y ait autorité, il faut bien que l'Église s'y soumette, mais l'objet du déploiement de cette autorité, que la contrainte s'accuse effectivement ou qu'elle reste virtuelle, il n'importe, c'est toujours autorité, c'est toujours contrainte, cet objet ne saurait être l'unification positive des volontés qui est à mes yeux le *bien positif*; l'objet de l'autorité, c'est le maintien du droit, c'est l'obligation de conserver les distances, de respecter les individualités, d'empêcher un mouvement hâtif, *simpliste* par conséquent, anormal, illusoire, faux dans le sens de l'unification, d'empêcher tout *compelle intrare*. C'est la condition négative, antithétique, mais indispensable de la véritable unité, du bien positif. Voilà comment il est impossible, rigoureusement impossible que l'intolérance en acte soit au bout de ma déduction sur les rapports des deux (ou plutôt des trois) sphères sociales.

Je viens de finir l'Introduction à la Science sociale de H. Spencer, j'y trouve en réalité beaucoup de bon sens. Il a fait suite à une brochure de M. de Hartmann sur la Décomposition interne du christianisme et sur la nécessité de le remplacer, que vous devriez vous faire lire. C'est curieux, ce n'est plus hardi. Je lui en ai écrit hier. Mon dernier travail a été la préparation de trois conférences pour cet hiver[1] sur l'empirisme en général, sur Darwin sur le matérialisme des physiologues allemands. Il m'en reste à faire une sur le phénoménisme. Dans la troisième je me rencontre avec votre dernier numéro que j'aurai l'air d'avoir pillé, mais c'est égal.

Malheureusement je n'ai plus la force de mettre ces idées en bon ordre et le meilleur, après avoir passé plusieurs fois devant l'esprit, ne se trouve plus sous la plume.

J'espère en effet, aller à la Verdette, puisqu'il n'y a pas moyen de vous rencontrer autrement, mais il faudrait pour cela que les vacances de Pâques fussent dans un temps froid, je ne sais comment il se fait que ce climat me donne tout de suite du sang à la tête et du gastricisme. Peut-être quelques pilules de quinine suffiraient-elles à neutraliser ces effets.

Tout à vous.   CH. SECRÉTAN.

P. S. Vous me direz, quand vous pourrez, quel bien vous avez tiré des Vernets ou du Vernet.

XLIX. — *M. Secrétan à M. Renouvier.*

La Ponthaise, le 1er nov. 1875.

Cher ami,

J'ai remis au rédacteur du *Chrétien évangélique* une annonce de la *Critique philosophique* qu'il m'avait demandée. Le *Chrétien* est un journal *mensuel*, mon article ne paraîtra que le 20 novembre : C'est tout ce que j'en sais. J'ai profité de cette occasion pour indiquer d'un côté vos quelques points de contact avec l'Évangélisme, de l'autre et surtout nos points de divergence : valeur transcendante de la substance, réalité de l'espèce (d'où la divergence des conceptions morales), question de l'infini et de Dieu comme cause absolue. J'avais en vue, il faut bien l'avouer, autant ma propre revendication

---

1. Publiées dans les *Discours laïques.*

et l'explication de mon point de vue défiguré par certaines attaques récentes que la discussion critique de vos doctrines. Toutes ces divergences proviennent (ce que je n'ai pas pu dire dans un journal religieux où personne ne m'aurait compris) d'un désaccord dans la conception logique : la vôtre consistant à ce qu'il me semble dans la recherche d'un principe tel qu'on puisse en épuiser les conséquences sans être jamais conduit à se contredire, tandis que le mien consiste à saisir au plus haut degré de généralité possible la contradiction inhérente aux phénomènes pour la transformer jusqu'au point de la faire si possible évanouir. Si vous trouvez après examen, qu'il y ait matière à une réplique instructive pour la galerie, j'en serai bien reconnaissant et ne demande point à être épargné. Je préfère tels horions à telles caresses. Mais ce qui me toucherait bien plus vivement encore, c'est que vous voulussiez lire, et, si la chose vous semble en valoir la peine, mentionner, citer, approuver, combattre un autre travail philosophique un peu plus méthodique, un peu plus étendu, les *Conditions de la science, essai de Critique positive* qui vous arrivera à peu près en même temps que ceci dans la *Bibliothèque universelle* c'est le premier essai de mon fils dont vous aviez la bonté de me parler avec félicitations sur ses tendances philosophiques.

Les points auxquels mon fils applique son principe de critique (analogue à celui qui dirige Ritter dans le travail dont je vous ai parlé et qui m'a servi de fil conducteur pour mon *Cours de Métaphysique* : comme votre *Science de la Morale* pour mon *Droit naturel*) feront (à l'exception de l'utilitarisme) l'objet de quatre conférences que je dois lire au mois de janvier à Genève. Je pense qu'elles paraîtront aussi dans la *Bibliothèque universelle* l'année prochaine. Il y aura bien des points de rapprochement avec Henri. Cependant celui-ci est original en plusieurs choses : non seulement les mots dont quelques-uns me semblent gracieux, d'autres forts, non seulement les formules, mais plusieurs choses tendant à la manière de concevoir l'Évolution, ainsi l'idée que la moralité est fonction de l'espèce, virtuelle dans l'individu, ensemble innée et réclamant l'éducation. C'est bien ma méthode, cherchant toujours la synthèse, au risque de ressembler à l'éclectisme d'autrefois, mais cette application, cette vue, bonne ou mauvaise, est bien à lui. Nos emprunts sont réciproques. D'ailleurs il n'est point engagé religieusement comme son père.

Pour le présent, je n'ai pas d'autre ouvrage que de débiter les

cours préparés et de les écrire. Jusqu'à l'été je n'en désire pas
d'autre. Je lis la Critique à l'instant de son arrivée et j'attends le
réveil de la politique pour m'occuper. Je n'essaye plus de produire,
j'ai senti que la force me manquerait pour me renouveler et l'argent
me manque pour faire imprimer des livres. Cependant je ferai
ma petite partie aussi longtemps que je pourrai tenir ma plume,
contre le matérialisme moderne, dont l'incontestable succès s'explique
sans doute par sa bêtise même, mais qui reculerait pourtant si ses
paralogismes étaient mis au grand jour. Je voudrais voir s'organiser
contre lui une croisade où Mgr d'Orléans ne soit pour rien.

Adieu, tout à vous.

CH. SECRÉTAN.

L. — *M. Renouvier à M. Secrétan.*

La Verdette, 14/11/75.

Cher ami,

J'ai envoyé ces jours-ci à Pillon pour la *Critique philosophique* un
petit article où je souhaite la bienvenue dans le monde philosophique
à M. H.-F. S. On le fera entrer dans le plus prochain numéro où il
sera possible de le caser. Je n'ai pas épargné la critique plus que
l'éloge, de sorte qu'on verra je l'espère aux termes de l'un comme
de l'autre que la sincérité des deux côtés est entière. J'y ai fait mon
possible, au moins. C'est à vous maintenant, c'est au père que
j'adresse mes compliments très vifs, transmissibles au jeune philosophe. Je ne sais si l'on vit jamais un plus ferme début. Quelle net-
teté, quelle concision, quels raisonnements à l'emporte-pièce! Il ne
fera pas bon avoir affaire à ce gaillard-là! Tenez-moi, je vous prie,
au courant de sa santé. Je ne puis croire qu'une affection de larynx
de nature chirurgicale et chez un si jeune homme, doive être si
rebelle à l'art.

Je vous remercie, cher ami, pour l'article que vous m'annoncez de
vous dans le *Chrétien évangélique* sur la *Critique philosophique*. Je ne
manquerai pas de me faire envoyer le N° du 20 novembre et j'aurai
le plus grand plaisir à répliquer, je suppose, ayant surtout permission de vous pour n'y mettre pas d'autre politesse que celle qui
vient, dit-on, du cœur et dont je serais bien malheureux de manquer.

Au reste, je n'ai jamais bien compris, en dépit des exemples que
j'en ai vus, comment les auteurs pouvaient jamais être *blessés* par
des critiques adressées par *l'esprit* à *l'esprit* seulement. Je me sens

quant à moi complètement exempt de cette petitesse. Parmi les rares
critiques que mes ouvrages encore bien obscurs m'ont values, il y en
a une bien forte où mon procédé de démolition est comparé à la
débauche de Messaline (nondum satiata recessit); je n'ai fait qu'en
rire, et je conserve à l'auteur la part de sympathie que je lui accor-
dais auparavant, ni plus ni moins, ne m'étant pas senti offensé en
mes œuvres vives.

Sur la substance et sur les questions politico-confessionnelles, je
suis obligé de compter sur des explications qui ressortiront peut-être
peu à peu de ces articles de la *Critique philosophique*, sentant trop
bien que nos dissidences ne pourraient plus être discutées épisto-
lairement sans mettre en cause des idées ou principes subsidiaires,
et dès lors aller de proche en proche plus loin que lettres ne peuvent
raisonnablement le comporter — hormis d'un Leibniz à un Clarke.
La mort seule interrompit le numérotage des objections et des
réponses! Ces objections et ces réponses *faisaient des petits* avec une
fécondité remarquable. On en était à je ne sais quelle génération.

Avez-vous trouvé dans mes articles sur l'homme primitif et les
états de société — parmi des sujets d'horripilation, je le crains —
quelques points dont vous puissiez faire votre bien ?

Je tâche de faire ma petite partie dans le jeu dialectique contre
le matérialisme. Mais je crois plus que vous que l'évolutionnisme
qui en est la forme actuelle pourrait bien être, même en celles de ses
thèses que vous pouvez approuver, une totale déviation de la vraie
interprétation de la nature. Il y a comme cela de fortes apparences
qui trompent les penseurs d'un siècle. Je dis quant à moi en regardant le monde : Eppur vi sono le specie!

Adieu, cher ami, et bien à vous.

C. RENOUVIER.

P. S. Savez-vous qu'il y a çà et là des mots de votre dernière lettre
que ma pénétration n'a pas réussi à restituer? Vous penserez : c'est
qu'elle n'est guère grande, mais n'importe, il faut en faire l'aveu.

LI. — *M. Secrétan à M. Renouvier.*

Lausanne, le 11 déc. 1875.

Cher ami.

Je ne sais si vous m'accuserez dans votre cœur d'être comme le
vulgaire des mendiants : ardent à quémander, paresseux à remercier.

Je doute que les occupations soient une excuse à alléguer, puisqu'il ne s'agissait que de faire un effort, mais enfin, qu'il soit tard ou non, je veux vous dire que vous nous avez fait un plaisir immense par l'accueil cordial et sérieux fait à l'article de Henri, comme aussi par votre lettre.

L'annonce de la *Critique* paraîtra bien en décembre.

Je ne pense pas qu'elle prête à discussion, à moins d'aller un peu au fond des choses, ce qui me mettrait dans une bien grande infériorité, car outre l'infériorité personnelle, je ne saurais où répliquer, le *Chrétien évangélique* ne s'y prêtant évidemment pas. De votre côté, je comprends bien que vous ne pourriez pas insérer mes envois sans créer un précédent inacceptable. Ainsi ne visez mes critiques que pour vous faire plaisir à vous-même ou dans l'intérêt de vos idées, mais non pas à cause de moi. Si vous y trouvez quelque avantage, il va d'ailleurs sans dire que je ne prétends pas vous gêner, car indépendamment du fait que ce serait une arrogance à ne consulter que mes convenances, je sais assez qu'il vaut toujours mieux qu'on parle d'un homme qui écrit, quoi qu'on en dise, que de n'en rien dire et je sais assez que vous n'en parlerez pas méchamment. La vérité, c'est que nous arrivons à une manière presque identique d'apprécier les choses sublunaires, le juste et le désirable dans un cas donné, la valeur d'une mesure et d'un individu: mais que nous arrivons par des chemins tout différents, un autre type, un autre idéal de logique, commandant une autre conception métaphysique, ou si vous préférez une autre direction de l'esprit, un autre arrière-fond, suggérant une croyance qui ne peut se justifier à elle-même que par une logique différente. Vous pourrez toujours me reprocher de réunir des thèses inconciliables et je suis impuissant à m'en défendre, même à mes propres yeux, la conciliation n'est qu'un acte de foi, en dépit de la logique. De mon côté je vous reproche de mutiler l'esprit humain, d'enlever à la philosophie ce qui en fait l'essence, etc., etc., bref d'asseoir une conséquence extérieure sur l'élimination de vérités nécessaires, d'évidences intuitives qui ne peuvent se dissimuler qu'à l'esprit rompu par une discipline artificielle à ne pas regarder de ce côté : l'être, l'unité, la substance, etc., etc. Ce débat ne saurait se terminer sur cette planète.

Il fait ici un froid du diable, et vous êtes empêtré, dit-on, dans la neige.

13. Il ne fait plus froid, mais il a neigé et le soleil est venu sur la

neige. Il me faut terminer ma lettre car je ne puis songer à vous faire
la Gazette du pays, puisque vous n'avez pas voulu venir le regarder,
quoique (ou parce que) le vulgaire ait pris depuis tantôt quatre-
vingts ans l'habitude de le trouver assez beau.

Je ne puis non plus mettre en caresses ce que j'ai dans le cœur,
notre sexe et notre âge ne s'y prêtent plus, sans parler du métier
qui...

C'est une grande question ! Il me faut donc finir ici en souhaitant
à toute la Verdette un glorieux recommencement d'année.

Les 31 premières nominations du Sénat ne sont pas si mal pour
vos étrennes et je termine par mes vœux sincères pour la République, et pour les républicains philosophes et modérés de mes amis.

Croyez à la reconnaissance et au dévouement de votre

CH. SECRÉTAN.

LII. — *M. Renouvier à M. Secrétan.*

La Verdette, 1/1 76.

Cher ami,

Je vous remercie du fond du cœur de votre article du *Chrétien Évangélique*. Il n'est pas seulement aimable et bienveillant au delà de ce
que sembleraient permettre de graves dissidences de foi, si votre
charité n'en atténuait pas la portée, mais encore je dois dire qu'il
pose les questions avec une très rare bonne foi et profondeur. Sur le
point vraiment capital, celui de l'origine du mal, je *comprends* votre
doctrine, et je n'ai de raison de m'y refuser que mon attachement
inviolable à la personnalité du péché en tant qu'il entraîne responsabilité. La solidarité de fait, dans les races humaines, n'est à mes
yeux qu'une sorte de *branche morale du mal physique*. Vous m'entendez bien n'est-ce pas ? Et le mal physique, *je ne puis l'expliquer*.
Mais encore une fois je *comprends* vos idées. Je ne leur suis pas
hostile d'une certaine manière. Je pose seulement ma borne avant
d'y arriver. L'autre point concerne la méthode scientifique à suivre
en philosophie comme ailleurs. Je ne vous vois aucun *intérêt* à
résister à la méthode des phénomènes, car elle laisse intactes les
réalités que nous pouvons concevoir. Je crois que des réflexions
prolongées sur cette question, des réflexions sur la vraie nature du
savoir, pourraient vous amener au point de vue phénoméniste.

Puisque je suis, au demeurant, content, je ne vois pas, non plus que vous, la nécessité de vous répondre dans la *Critique philoso-phique*. Je le ferai seulement avec plaisir, si cela vous fait plaisir à vous, en citant les parties les plus nettement libellées de votre article. Dans le cas contraire, je prendrai les occasions, sans vous nommer, d'éclaircir de nouveau ma façon de voir sur les points que vous marquez si bien.

J'ai reçu une aimable lettre de votre fils Henri. Veuillez lui trans-mettre mes remerciements pour ses propres remerciements. Il ne me donne pas son adresse précise.

Je trouve comme vous que nos étrennes politiques en France sont bonnes. La sagesse politique semble arriver au point où elle apercevra sa récompense. Depuis la funeste année 70, je n'avais pas encore vu la fortune ébaucher le moindre sourire. Mais vraiment la gauche et le centre gauche lui ont fait la cour en tout bien tout honneur et elle paraît devoir se laisser toucher.

Je vous souhaite, cher ami, une heureuse année 76 pour les biens du cœur et pour la santé.

A vous bien cordialement.

C. RENOUVIER.

P. S. Voyez ma mauvaise mémoire! Je ne puis me souvenir si je vous ai dit dans ma dernière lettre qu'il y avait au bureau de la *Cri-tique philosophique* à Paris un exemplaire de la 2ᵉ édition de mes 1ᵉʳ et 2ᵉ *Essais* disponible pour vous. Le paquet (6 vol. in-12) est gros pour la poste. Si l'on pouvait le déposer chez un libraire commis-sionnaire à Paris pour vous être envoyé à Lausanne, ce serait peut-être le mieux. Dans ce cas vous voudriez bien me dire chez lequel ?

LIII. — *M. Secrétan à M. Renouvier.*

6 février 1876.

Bien cher ami,

Votre lettre du 1ᵉʳ janvier demandait dans mon intérêt même une prompte réponse et voici tantôt six semaines que j'y pense chaque jour. Cela tient à trois causes : 1) des occupations exceptionnelles, quatre voyages et séjours à Genève pour quatre conférences qui paraîtront dans la *Bibliothèque Universelle*, un nécrologe, etc. 2) une fatigue nerveuse exceptionnelle, indépendante des travaux qui eussent été peu de chose pour un homme sain; 3) l'envie de voir avant de vous répondre le rédacteur du *Chrétien Évangélique* ce que je n'ai pas encore fait maintenant. Il s'agissait de savoir si, après tout, il n'accueillerait pas éventuellement une réplique, mais d'avance je crois que s'il voyait que j'y tiens, il le ferait. Qu'il ne soit ce qu'il pourra, je n'hésite pas à dire que s'il vous est agréable de me citer, cela me sera fort agréable, que plus vous citerez, plus je serai content et que si tout en maintenant la place prise, vous marquez dans vos propres termes ce qu'on peut avancer à l'appui de ma thèse : « une cause *morale* des influences immorales qui s'exercent sur et dans l'individu », je serai tout à fait, mais tout à fait content.

Au surplus si vous me comprenez, je vous entends aussi, je veux dire que je souscris tout à fait à vos formules. J'admets avec vous que la responsabilité des individus comme tels est purement personnelle, au sens de la justice humaine et divine, en ce monde et dans l'autre. Je considère bien la solidarité du mal, l'inclination mauvaise comme une branche du mal physique ; si c'est naturel, c'est physique, il n'y a nul doute ! Je ne prétends pas plus que vous expliquer le mal physique ni l'avoir expliqué. J'en rabattrai ce qu'il vous plaira des intempérances de la *Philosophie de la Liberté* sur ce sujet. Si vous y teniez, je vous autoriserais même à le faire entendre (vous, non des critiques malveillants et incompétents, moins affranchis de la tradition que moi-même ; mais incapables d'en saisir l'intimité). Tout ce que je veux dire et maintenir, c'est que sans une explication du mal physique (au sens complet) nulle interprétation du phénomène, générale ou partielle, n'est possible, n'est logiquement admissible à se produire, parce que toute explication quelconque implique l'hypothèse objective d'un ordre quelconque et qu'un ordre partiel est inconcevable sans le cadre et l'appui de l'ordre universel. Je ne prétends donc point expliquer le mal physique, ce que je veux faire, c'est de poser *un dogme*, à la manière des théologiens qui comprennent leur métier, un *dogme*, c'est-à-dire un programme, une sphère obscure mais circonscrite, dans l'intérieur de laquelle on affirme que l'explication est contenue, soit qu'on espère la préciser un jour, soit qu'on ne s'en flatte pas. Et ce dogme, je crois le formuler au sens de votre penchant, de votre inclination secrète, de votre intime conviction quoique peut-être inavouée en disant : « La dernière raison du mal physique, quelle qu'elle soit, doit être positivement conciliable avec l'ordre moral, ou ce qui revient absolument au même, cette raison doit se trouver dans l'ordre moral.

Si l'on admettait cela, on ne serait pas loin de trouver le joint de la justice et de la charité, de l'individualisme et du panthéisme, du salut individuel et du sacrifice absolu, de la grâce et de la liberté, etc., etc., et de voir la solution finale en métaphysique, en politique, en histoire naturelle dans les catégories concrètes très rapprochées de *l'organisme* et de la *fédération*. Formation de l'unité par la manifestation normale et totale de chaque individualité pour elle-même et pour les autres, ce qui était, s'il vous en souvient, le dernier mot de la *Philosophie de la Liberté*. Unité volontaire et raisonnable de la *fin* qui implique l'unité virtuelle et naturelle du commencement dans un procès, dans une évolution nécessairement limitée puisqu'intelligible. La *Philosophie de la Liberté* dirai-je, cet ouvrage n'a guère été compris et ne pouvait guère l'être sans égard au temps et au lieu. C'est une apologie hypothétique du Christianisme et en même temps un essai de dogmatique. A ceux qui trouvent le Christianisme déraisonnable, il dit : pas si déraisonnable, moyennant qu'on l'entende bien. A ceux qui le reconnaissent comme une autorité, je dis : Votre religion ne saurait être divine, si elle n'est pas d'accord avec les principes évidents par eux-mêmes, de la raison théorique et pratique. Voici comment sans rien changer de considérable à vos formules, on pourrait leur donner un sens raisonnable. Si le christianisme est vrai, voici comment on pourrait l'entendre... et personnellement je pense bien qu'il est vrai, mais je ne saurais en faveur de ce penchant de mon esprit alléguer aucun argument scientifique sinon précisément qu'il est susceptible d'un sens raisonnable et marque au moins le chemin d'une solution là où les systèmes humains ne savent que déchirer le problème. (Pour la suite, voyez *Chrétien Évangélique*. Déc. 75).

Quant au phénoménisme et à la substance, je pense bien, *par docilité*, que ce n'est qu'affaire de langage, que le phénoménisme laisse intactes les réalités, etc., mais je ne vois pas encore bien l'avantage du parler nouveau sur un parler qu'on ne changera pas sans changer la langue entière, matière et forme, et que par exemple les phénoménistes eux-mêmes sont hors d'état de parler un moment sans des inconséquences qui sont *objectives* à des contradictions. Cependant je ne désespère pas d'arriver. Peut-être me suis-je déjà approché un peu sous la pression d'une question naïvement idéaliste de mon fils, qui me demandait de lui marquer la valeur philosophique de la physiologie et de l'anatomie, étant donné le phénoménisme, la subjectivité du temps et de l'espace, conséquence à ses yeux de la contradiction de l'infini, etc. Avant d'être au clair là-dessus, il ne pouvait pas, me disait-il prendre goût à sa médecine. Je lui dis que je ne savais pas ce qu'il voulait. Que signifie, lui dis-je cette question : Que sont les choses au fond, objectivement, en elles-mêmes? Cela peut signifier : a) que sont-elles pour ma raison bien dirigée? — *relation*. b) que sont-elles pour elles-mêmes à leurs propres yeux? — réflexion, relation. c) que sont-elles pour une intelligence absolue? — relation. (Je n'entre pas dans le détail pour faire voir que ce n° c possède un sens légitime quand même nous ne comprendrions pas l'intelligence absolue ou même que les deux mots ne cadreraient pas. Voyant un nombre fini de choses simultanément nous pouvons supposer qu'on en voit le nombre total, qu'on n'oublie rien, etc., etc. d) enfin que sont les choses indépendamment de toute représentation quelconque? Mais cette dernière question est contradictoire. Elle consiste à demander qu'on se représente une chose sans se la représenter. Donc les choses sont ce qu'elles sont pour nous. Et si nous demandons ce qu'elles sont pour elles-mêmes nous ne pouvons commencer à l'entendre que par l'analogie de ce que nous sommes pour nous-mêmes.

Je ne sais si ces ouvertures étaient bien une réponse à la question de mon garçon mais il me semblait que je me rapprochais de vous, dans ce sens que je comprenais pour la première fois, sans toutefois aller jusqu'à l'approbation, pourquoi vous aviez substitué *la relation* à l'être dans la table des catégories. Si je poursuivais sur ce thème je dirais avec Ritter (H) qu'esprit et corps désignent deux formes de représentation, la première celle de l'être en lui-même, la deuxième celle de l'être à un autre et que l'*être* conçu comme distinct du phénomène, comme à la base du phénomène, signifie : ce que, en vertu des lois de notre esprit, nous sommes obligés de concevoir comme la cause qui produit une série de phénomènes, tant externes que réfléchis, non pas comme Taine le veut, la série des phénomènes, mais la virtualité de cette série, la possibilité de cette série affirmée comme réelle; substance-puissance. Voilà où j'en suis présentement sur ce sujet. Je trouverai sans doute de plus amples lumières dans les volumes dont vous m'annoncez le magnifique présent. Je vous en remercie bien cordialement et je m'efforcerai d'y faire honneur suivant mes forces et mes moyens de publicité rustique. Jusqu'ici je n'aurais pas pu y toucher. J'ai là la Psychologie de Spencer interrompue depuis des mois. Quant aux Premiers principes j'en parle dans ma quatrième conférence. Cela paraîtra cet été. Les propriétaires de ma *Philosophie de la Liberté*. sont : MM. Sandoz et Fischbacher, à trois pas de chez vous, rue de Seine, 33. Ils ont beaucoup d'affaires avec la Suisse et feront certainement votre commission. Je serais bien aise de faire saluer en même temps M. Fischbacher qui préside à la maison de Paris.

Nos vacances de printemps sont d'assez bonne heure cette année. S'il faisait encore froid, un froid un peu hivernal, au 25 mars et que vous pussiez me recevoir sans incommodité, j'essayerais, je crois une pointe de quelques jours, tant je suis curieux d'avoir votre autorisation pour la façon dont je me suis approprié et dont j'ai modifié votre droit naturel.

Je partage vos bonnes espérances quant à la France, mais enfin la Prusse était plus bas après Iéna que la France après Sedan, et bien autrement démembrée. La nouvelle administration devrait s'inspirer du baron de Stein.

Adieu.

P. S. 7 février. Réponse éventuelle agréée d'avance par le *Chrétien Évangélique.*

LIV. — *M. Renouvier à M. Secrétan.*

La Verdette, 18/3 76.

Cher ami,

Vous avez dans le nº de jeudi dernier de la *Critique philosophique* ma réponse à votre article du *Chrétien Évangélique*. Je n'ai eu que du plaisir à entrer en polémique réglée avec vous. Les polémiques se font toujours un peu plus serrées devant le public, et je suis bien sûr que nous ne finirons pas par nous piquer au jeu plus vivement qu'il ne faut, il y aura donc profit pour tout le monde. Sans doute il m'aurait été plus agréable en un sens de faire partir le débat des termes de votre dernière lettre, car nous nous trouvons là notablement plus rapprochés. Mais nous y arriverons peut-être après votre réplique, et il était indispensable de commencer en se plaçant dans la rigueur des doctrines adverses, telles à peu près que les entendent les deux publics, le chrétien et le non chrétien.

Dois-je toujours espérer votre visite, et qui serait prochaine, si je vous ai bien lu? Elle me causerait un vif plaisir. Je mentirais si je vous disais que nous avons un laid mois de mars, pour vous mieux attirer. On en vit rarement un plus beau dans le Comtat — jusqu'ici. Mais je ne puis croire qu'il vous le faille tout à fait abominable, et puis enfin, il peut se gâter. Ce sont choses qui se voient. Laissez-moi donc espérer. En tout cas écrivez-moi, cher ami, s'il n'y a rien dans mon article qui vous ait déplu. Ce serait bien contre mon intention.

A vous bien cordialement.

C. RENOUVIER.

LV. — *M. Secrétan à M. Renouvier.*

Grandchamp-sur-Areuse, 24 juillet 1876.

Mon cher ami,

Je vous ai écrit ce printemps que j'étais malade et que s'il venait du mieux, je vous en aviserais. Ce mieux est venu quoiqu'il me semble avancer bien lentement, proportionnellement à la gravité de l'attaque. Je ne puis pas encore écrire, ma main obéit mal et les idées ne se rassemblent pas fortement, mais je puis déjà fixer mon attention sur une lecture sérieuse. Ainsi je lève le ban mis sur la correspondance dans ma dernière carte et si vous vous sentez encore porté à m'écrire, j'en serai infiniment reconnaissant. J'ai toujours lu la *Critique*, sauf les deux derniers numéros qui m'attendent au logis. Vous aurez vu, j'espère, que j'ai passé condamnation au sujet de la contradiction que j'avais reprochée au commencement absolu dans le *Chrétien Évangélique*. J'ai fourré cela dans une note à ma conférence sur Darwin dans la *Bibliothèque Universelle* parce que je n'ai pas de terrain à moi. Quant à ma nouvelle critique sur le point de départ de votre *Logique*, je serais bien aise d'en avoir votre sentiment soit dans le privé, soit en lettre moulée. Elle me paraît puiser subsidiairement une certaine force dans le fait que le Cardinal de Cusa (pour ne pas remonter aux Indous et à Platon), Giordano Bruno, Kant, Fichte, Hegel et ses disciples contemporains en grand nombre ont contesté le *principium contradictionis*, ce qui montre au moins qu'on peut être tenté de le contester. En somme vos bases, le *principium contradictionis* et le nombre infini me semblent trop étroites pour supporter l'édifice d'une philosophie ou d'une explication plausible de tous les faits connus, et j'ai le sentiment qu'en effet il y a des faits que vous négligez parce qu'ils sont réfractaires ou que vous n'y avez pas pris garde. Mais ce n'est qu'un sentiment et je ne m'engagerais point à prouver.

Je pense aller faire une courte cure d'eau froide quelque part et aller à la montagne pour tâcher de me raccommoder d'ici à la rentrée des classes vers le 20 octobre.

Adieu, gardez-moi votre bonne amitié et croyez à toute la mienne.

Ch. SECRÉTAN.

LVI. — *M. Secrétan à M. Renouvier.*

Lausanne, le 16 février 1877.

J'ai pensé à vous bien souvent depuis Genève avec joie, avec humiliation, avec regret, regret de n'être pas allé passer quelques jours à Aix ainsi qu'au fond je le pouvais. Je suis toujours possédé du désir de conférer avec vous et de vous lire le cours de Métaphysique que j'ai tiré de Ritter et le cours du Droit Naturel que j'ai tiré de chez vous en l'accommodant à ma pensée. Au nouvel-an, j'ai failli tomber sur la Verdette, ça été de ma part un projet arrêté pendant plusieurs semaines, mais jusqu'au dernier moment j'ai différé de vous demander la permission, la veille de l'an ou l'avant-veille je vous ai écrit une carte et de nouvelles réflexions, un travail de manœuvre à faire pour la *Bibliothèque Universelle* me l'ont fait jeter au feu. Maintenant la tentation se renouvelle et je viens vous demander à temps si vous serez à la Verdette, pendant la dernière semaine de mars, et si vous serez d'humeur à m'accorder, non pas l'hospitalité seulement, mais votre temps, votre temps de travail, votre meilleur temps, car vraiment la simple lecture de mes notes abrégées prendrait bien trois jours pleins, qu'il faudrait, pour dominer la fatigue et l'ennui répartir sur cinq ou six. Mais comme cinq ou six sont le plus long temps dont je dispose ce serait toujours une tâche et une distraction des travaux ordinaires.

Il faut vous dire que la Faculté protestante de Montauban m'a demandé d'aller faire des Conférences à ses élèves. L'affaire s'est arrangée pour la deuxième semaine d'avril 8-15; avec la permission de mes supérieurs d'ici. Cela allonge mes vacances de Pâques lesquelles commencent le 25 mars; je veux partir dès le premier jour des vacances, mais voir un peu de pays à l'aller et au retour ce qui est ma principale distraction. Si j'allais à vous, je passerais cette fois par Gap, et ne pouvant pas m'arrêter après mes lectures puisque

le temps en est pris sur mes propres leçons d'ici, je voudrais entre
Avignon et Montauban pousser jusqu'aux Pyrénées aussi avant que
le permettront les chemins de fer. Dites-moi donc s'il vous est
agréable de m'accorder ces cinq ou six jours et surtout dites-le-moi
franchement dans l'esprit de votre propre morale juridique; ce sera
aussi la vraie manière de vous conformer à l'évangélique, parce que
je me sais indiscret de nature et que pourtant le soupçon de l'avoir
été me remplirait d'amertume. Soyez sincère d'autant plus librement
que même si vous m'accordiez la faveur requise, il n'est pas sûr que
je puisse en profiter. J'ai une négociation en train à Paris pour des
impressions et il n'est pas sûr que je ne sois pas obligé de passer
par Paris. Cependant je ne le crois pas.

Quant à mes conférences sur le surnaturel et sur l'avenir religieux
probable, il sera inutile de nous en occuper ensemble, la distance
apparente qui nous sépare étant trop grande et le temps trop court
pour rien changer. Elles paraîtront selon toute apparence dans la
Bibliothèque Universelle qui, je crois, vous arrive.

Je suis assez bien cet hiver, qui n'est pas un hiver chez nous, mais
un printemps de soleil et de pluie.

Je vous ai ainsi beaucoup occupé de moi, je vous ai à peu près tout
dit, et maintenant dites-moi aussi un peu comment vous allez et ce
que vous faites. Si je ne vous vois pas ce printemps comme je l'espère, ce sera pour l'automne.

Adieu, je suis toujours plus à vous.

CH. SECRÉTAN.

LVII. — *M. Renouvier à M. Secrétan.*

La Verdette, 23/4 77.

Cher ami,

Je me hâte un peu de vous répondre, de peur que vous n'atten-
diez un avis que je ne peux vous donner jusqu'à nouvel ordre. Il y
a longtemps que je ne reçois plus la *Revue des Deux Mondes* et je me
demande par qui et quand il me sera possible de me procurer le
numéro en question que je serais pourtant bien désireux de connaître.

Quant à l'hospitalité de la *Critique philosophique* que vous deman-
deriez le cas échéant, elle va bien de soi si vous aviez à répondre à
M. Janet sur des points où nous faisons vous et moi cause commune.

Sur d'autres sujets, naturellement je voudrais voir avant d'insérer, mais je présume bien que vous y mettriez toute discrétion, ou plutôt j'en suis sûr. Pour M. Janet lui-même vous savez que nous n'avons pas à le ménager dans la *Critique philosophique*. Il est pour nous ennemi acquis et s'emploie de toute son autorité quoique affaiblie de Victor Cousin II, à empêcher les jeunes universitaires de tenir compte de mes travaux, et même de me nommer. *Je le sais.*

M. Beurrier, qui n'est encore, lui, que candidat au doctorat m'a consacré dans la Revue Ribot un grand article qui sera suivi de deux autres. Je désire que les précautions qu'il a prises çà et là suffisent pour le garantir contre les rancunes des chefs, et que ce travail ne nuise pas à sa carrière, mais je crains fort. Un autre professeur qui désirait me dédier sa thèse dont le sujet m'est emprunté, s'en trouve empêché, et y renonce sur mon conseil,

Je vous félicite de votre excursion réussie et du succès de vos conférences. Vous ne me dites pas si M. Bois vous a parlé de moi? Il est vrai que vous me le peignez très préoccupé.

Je suis certainement aussi heureux d'avoir entendu vos lectures que vous pouvez être content de me les avoir faites. Votre dernière visite me laisse un très doux souvenir et l'espérance qu'elle sera encore suivie de quelques autres. Je vous transmets les amitiés de toutes les Verdettes.

Adieu, cher ami, tenez-moi au courant des santés, de celle du jeune philosophe.

A vous de cœur

C. RENOUVIER.

P. S. Je n'ai pas la moindre donnée sur l'accueil que la *Revue des Deux Mondes* pourrait faire éventuellement à une réponse. Seulement je ne me souviens guère d'y avoir vu s'étaler des polémiques et ce n'était pas le genre Buloz.

LVIII. — *M. Secrétan à M. Renouvier.*

Lausanne, 22 mai 1877.

Cher ami,

J'ai été indisposé et retardé en toutes choses, c'est ce qui m'a empêché de vous répondre à lettre vue ainsi que mon cœur m'y portait. Maintenant même je ne puis le faire. La nouvelle que vous nous apprenez nous a fort émus et fort surpris.

Mᵐᵉ Renouvier était la première debout, la première au jardin il y a quelques jours. Qui aurait songé à la croire menacée? Je sens avec vous parce que votre douleur est communicative. Ma femme, qui ne vous a jamais vus en a été presqu'aussi émue que moi parce que son cœur qui est très tendre a senti le vôtre.

Mais je me sens absolument impuissant. Je n'ai pas été assez avant dans votre vie pour dire les choses qu'il faudrait dire, et j'aurais peur de vous froisser par des lieux communs. Quand nous serions ouvertement, absolument sur le terrain d'une conviction commune je ne serais guère plus avancé, je n'oserais vous dire la seule chose qui valût la peine d'être dite : Je prie pour vous, je pense à vous devant Dieu, car hélas, il s'en faut bien, que tout ce qui est dans ma tête soit dans mon cœur, et que tout ce qui est dans mon cœur soit dans la pratique journalière. Vous l'avez vu.

Il me faut donc me borner à prendre acte de votre deuil et à vous remercier d'avoir pensé à moi dans ce moment.

Peut-être vous reverrai-je cet été ou cet automne et peut-être pourrons-nous en dire davantage. Il me semble que par un double mouvement nous nous rapprochons. J'ai assez clairement conscience de mes pas dans votre sens, je suis les vôtres sans me permettre de les mesurer. Il me semble en trouver un entre autres dans votre dernier article sur Hugo (p. 249).

Mais le moment serait mal choisi pour philosopher, plus mal encore pour revenir sur les minuties qui faisaient l'objet de ma dernière lettre. Dans quelques semaines nous verrons s'il y a lieu de reprendre cela.

Il me semble de plus en plus que je vous appartiens et tout mon désir serait que vous y puissiez trouver quelque douceur.

Votre ami dévoué

CH. SECRÉTAN.

LIX. — M. Secrétan à M. Renouvier.

Villa Paleyres, près Lausanne, 10 juillet 1877.

Cher ami,

Les choses ne se passeront pas ainsi. Vous ne reviendrez pas une seconde fois au bord du lac de Genève sans le voir. De Genève on ne voit rien, absolument rien. Je ne vous parle d'ascension d'aucune sorte, mais il faut voir Lausanne, Évian, Meillerie, Vevey,

Clarens, Chillon; le tour du lac est la chose du monde la plus simple, vous faites cela, Genève et retour de 8 h. du matin à 6 h. du soir, sur un excellent paquebot où vous trouvez une bonne table; la navigation coûte 5 fr. Nous ferons ce tour ensemble. Mais vous ferez mieux, vous vous arrêterez à Lausanne au moins un jour. Ce n'est pas une ascension, c'est le point où se réunissent six lignes de chemin de fer !

Puisque vous pouvez coucher à Genève, vous pouvez bien coucher à Lausanne, Hôtel Belle-vue. Je ne vous invite point, connaissant vos terreurs, mais je vous prie d'inviter de la part de ma femme et de la mienne M. et Mᵐᵉ Pillon avec nos compliments les plus respectueux. Cela vous coûtera excessivement peu de temps et point de fatigue. Ce n'est pas un vain chauvinisme qui parle. Le lac de Genève dans la lumière qu'il avait hier était une chose unique dans le monde entier. Genève comme nature, n'est absolument *rien*, ne fait même rien pressentir. Votre concitoyen Westphal, qui a passé ici il y a peu de jours, prétendait que l'Europe devrait nous faire payer un impôt à son profit pour le privilège d'habiter cette rive. Curieuse idée ! Prenez patience avec ma tête qui est confuse par congestion sanguine et avec ma main qui n'obéit pas. Je sors d'une goutte non suraiguë, mais tenace, qui m'a frappé trois pattes et le tronc et qui a laissé la main droite assez misérable. — En cherchant un peu à Vichy, vous y trouveriez certainement la revue du mois d'avril et l'article Janet. Vous seriez bien aimable de le faire, car j'aurais besoin d'en confabuler. Cet article soutient le thème mensonger suggéré par Saisset en 1849 ou 50 que la *Philosophie de la Liberté* est un développement du néo-Schellingisme. A cet effet il donne un abrégé excessivement tronqué et accommodé de ce dernier. Quant à la *Philosophie de la Liberté* elle-même, il a l'air de n'en connaître que le 1ᵉʳ volume et ne discute que la déduction de l'absolue liberté à travers les catégories, puis la déduction de l'amour comme manifestation de l'absolue liberté comme telle. Il trouve que je me contredis en refusant à ma liberté toute nature et en lui accordant l'intelligence qui est une nature. Du reste, il m'expose en mes propres termes, fait l'éloge de la dialectique et du style et donne à entendre en deux passages que s'il parle de cet ouvrage, c'est que la jeune université en est occupée et influencée (il n'ajoute pas, en dépit de ce que nous avons fait pour le faire ignorer ou méconnaître et pour l'interdire). Bref, c'est une levée de ban pour les jeunes professeurs

et normaliens, *dans ce sens* l'article m'est favorable, je ne pouvais
que l'en remercier, et je l'ai fait dans une lettre un peu aigre-douce,
il est vrai, où il faut savoir lire entre les lignes, mais que M. P. Janet
a trouvé convenable de prendre très bien. Cette lettre, je vous l'aurais fait passer si je l'eusse osé dans les circonstances personnelles
où vous vous trouvez. Au refus de la *Bibliothèque Universelle* je l'ai
publiée dans le *Chrétien Évangélique* qui fait échange avec vous, et
je sais qu'elle va passer de là dans peu de jours, dans le compte-
rendu de *Théologie et Philosophie*, que vous recevez également. Mais
cela ne passe pas la frontière. Si vous pouviez la reproduire aussi
avec les *notes*, cela me ferait un immense plaisir, mais ce serait
trop indiscret de le demander. Seulement, même pour savoir si la
chose peut vous convenir, il faudrait avoir l'article Janet et même
l'article suivant sur Schopenhauer. Celui-ci se plaint de la conspiration du silence pratiquée contre lui en Allemagne. M. Janet la
révoque en doute et il sait bien pourquoi. Personne mieux que ces
Messieurs ne sait à quoi s'en tenir sur la réalité de cette conspiration qu'il leur convient de nier. Pour qui lit avec intelligence
l'article qui m'est consacré, il est aisé de voir : 1°) que les rédacteurs
philosophiques de cette Revue connaissent la *Philosophie de la
Liberté* depuis vingt-huit ans; 2°) qu'ils lui trouvent aujourd'hui
assez de mérite pour mériter d'être signalée de préférence à mille
choses qu'ils blaguent; 3°) que néanmoins s'ils en parlent, c'est
qu'ils n'ont pas pu empêcher qu'on n'en parlât sans eux. C'est ce que
je disais assez vertement à M. Janet dans mon brouillon, mais j'ai
supprimé ce passage pensant qu'un service rendu, quel qu'en fût le
motif et quels que fussent les précédents, ne méritait pas cette
rudesse. Mais si l'évidence ressort des textes mêmes, comme je le crois,
je ne verrais certes nul inconvénient à ce qu'un tiers fît ressortir cette
étrange manière de monopoliser la publicité au profit d'une coterie et
de faire connaître les choses parce qu'elles le sont déjà. Cette inser-
tion ne saurait vous convenir que si vous y trouviez occasion d'y
rattacher quelques remarques personnelles, philosophiques ou autres.

Je verrais avec joie quelques remarques critiques, sévères même,
qui dissimuleraient au public une faveur dont je ne serais pas moins
reconnaissant. Bref, je serais heureux d'une reproduction totale ou
partielle, mais je sais parfaitement que la suggestion en serait ex-
centrique, outrecuidante et je ne songerai pas à me plaindre si
vous n'en faites rien.

J'imprime chez Sandoz et Fischbacher un volume de discours laïques, déjà publiés çà et là. Mes leçons de Montauban n'y figurent pas. Je médite d'ailleurs un autre ouvrage sur le fond et la forme duquel j'aimerais bien à vous causer. « Le malentendu du siècle » pour montrer que l'antagonisme entre la science, l'art, la liberté d'un côté et la religion de l'autre viennent de ce que la religion ne se présente que défigurée. Qu'il y a solidarité là où l'on voit une opposition et notamment que l'état libéral ne donnerait qu'un bien négatif, la condition négative indispensable de la réalisation du bien positif n'est possible qu'avec des esprits qui comprennent et poursuivent ce bien positif, c'est-à-dire avec l'église véritable, l'église libre (intérieurement surtout) tandis que lorsqu'on cherche le bien positif = l'union positive des individus, soit volonté, sous la forme politique = voie légale, voie de contrainte, on ne peut arriver qu'au jacobinisme et au césarisme. Je voudrais mettre cela dans des dialogues où les grands courants du siècle et de tous les siècles se heurteraient violemment. Vous voyez que rien que de ce côté il y a matière à causer.

J'attends de vos nouvelles, de bonnes nouvelles impatiemment. Mes respects les plus affectueux à nos amis.

CH. SECRÉTAN.

P. S. Le passage par Lyon a les express, mais ils vous font bien des doubles emplois. Vous pourriez sortir par Moulins, Mouchard, Pontarlier, Jougne et Lausanne, si vous n'avez affaire à Lyon. La traversée du Jura est jolie.

LX. — M. Renouvier à M. Secrétan.

Chambéry, 2/8, 77.

Cher ami,

Par une suite d'accidents et erreurs dont il serait long et inutile de vous parler, nous avons reçu à Chambéry fort à l'improviste, l'épreuve tant attendue pour laquelle nous avions invoqué votre secours. Soyez donc délivré de toute préoccupation qui pourrait vous rester en ce qui concerne les rédacteurs de la *Critique philosophique*. Les voilà remontés sur leur bête échappée, ils n'attendent plus de lettres qui auraient pris le chemin de Lausanne.

Après ce point réglé, cher ami, il me reste à vous exprimer, à M⁰ᵉ Secrétan et à vous, les sentiments de reconnaissance et amitié infiniment sympathiques que votre accueil si aimable et dévoué, trop, trop aimable en vérité, m'a laissés — avec le regret que mon état maladif, une fatigue accumulée et le temps disponible ne m'aient pas permis de répondre un peu moins mal à ce qu'on pouvait attendre en pareil cas du philosophe même le plus mal élevé et le plus taciturne. Je ne suis que plus obligé de dire quelle charmante impression j'emporte de chez vous.

Mes amis Pillon se joignent du fond du cœur à mes remerciements.

Mes amitiés, je vous prie à M. Henri S..., et mes hommages à Mme, à Mmes L. et à Mlle vos filles, sans oublier M. F. Secrétan une des personnes les plus sympathiques à première vue et des plus profondément cordiales que j'aie jamais rencontrées.

A vous de cœur.

C. RENOUVIER.

A Cannes poste restante pour le reste du mois.

LXI. — M. Secrétan à M. Renouvier.

Villa Paleyres, le 25 août 1877.

Cher ami,

Je me hâte de vous remercier pour l'hospitalité que vous m'avez accordée. Elle m'est extrêmement utile et précieuse et je suis touché de la bienveillance de vos observations. Les deux points de désaccord me paraissent reposer sur des malentendus, dont l'un tient à mon vicieux emploi des pronoms. Je vois dans la notion de l'absolue liberté du principe universel et éternel moins une connaissance que la limite de nos connaissances. Vous regrettez que je revienne sur cet aveu en ajoutant qu'en essayant de préciser cette idée comme si on en avait l'intuition, on éviterait malaisément de se contredire. Quelle idée et quelle intuition? demandez-vous. J'ai voulu dire non pas l'idée et l'intuition qu'on possède simplement, une limite; mais l'idée de l'absolue liberté comme si l'on avait l'intuition de ce qu'est cette absolue liberté ou plutôt cet absolument libre en lui-même avant tout acte. C'est le maintien de la concession principale faite à P. Janet. Quant à la *difficulté considérable* N° 7, le malentendu me semble venir de vous. Je *ne donne pas* les attributs moraux à l'absolu avant sa détermination volontaire, je n'en fais pas le Dieu de la foi et de la piété, j'évite même de lui donner le nom

de Dieu. Je crois avec Newton : « Deus est vox relativa = Dominus. »
Il y a même un passage à effet quelque part dans la *Philosophie de
la Liberté* si je ne fais erreur grossière où je dis : « La Prière des
prières n'est-elle pas : Oh ! mon Dieu, je te rends grâces de ce que
tu es Dieu » (parce que l'absolu se fait Dieu en créant, en revêtant
l'amour). Il va sans dire que je ne songe point à vous demander une
rectification, je serais même désolé qu'il en parût une, mais pour
l'avenir comprenez que comme vous, je place le Dieu de la religion
en deçà du voile de l'absolu mystère. Il y a bien identité dans un
sens, autrement je sortirais du monothéisme, mais non identité de
concepts et d'attributs. C'est justement ce qui me rend suspect aux
théologiens et aux ecclésiastiques lorsqu'ils me disent : suivant vous
Dieu = l'absolu, pourrait aussi bien être méchant que bon. — Ma
vraie réponse serait : Oui, sans doute ! autrement *il ne serait pas
bon, être bon*, c'est vouloir être bon pouvant être autre chose. Peut-
être vaut-il mieux *ne pas* préciser, mais quand, au risque d'anthro-
pomorphiser on précise, on ne peut préciser que dans ce sens.

Vous allez recevoir mes *Discours Laïques* ; je recommande particulièrement à votre attention le morceau de la fin et *la page de la fin*,
qui est un morceau aisément détachable, qui va tout à fait dans le
sens de la *Critique philosophique* et qui forme le programme des
Malentendus du siècle [1], dont j'ai broché deux Dialogues avec quelque
peine à mordre au troisième.

Adieu ! nos salutations les plus affectueuses à M. et à Mme Pillon.
J'ai coupé mon papier pour ne pas être exposé à me lancer dans un
sentiment où la matinée aurait passé doucement pour moi, mais au
détriment du Malentendu.

Notre grand Conseil est réuni aux fins d'augmenter les impôts.
C'est probablement par un droit sur les successions directes.

Adieu votre

CH. SECRÉTAN.

1. Secrétan renonça plus tard à ce projet de publication.

LXII. — *M. Secrétan à M. Renouvier.*

Villa Paleyres, le 19 avril 1881.

Cher ami,

Après trois années d'incapacité de travail absolue, j'ai repris peu à peu à la vie et maintenant je suis plus vieux sans doute, mais pas plus mal que lorsque nous nous sommes vus la dernière fois. Je ne vous fais pas d'excuses pour mon silence, car écrire eût été pis, mais je suis heureux de me retrouver en face de vous par la pensée, et je le serais bien plus encore si je n'avais pas quelque chose à vous demander, qui est assez embarrassant pour mon amitié.

Voici l'affaire : Ayant été mis en rapport avec la revue éclectique de M. Ribot par mon ami de Pressensé qui tenait à me faire écrire le petit travail sur la nature de la Religion dont je lui esquissais l'idée et que j'ai rédigé en effet, j'ai préparé cet hiver pour le même journal un essai sur le principe de la morale. Après avoir amené ma formule dont je veux vous ménager l'assez faible surprise, j'ai essayé d'établir par manière de preuve ou de vérification que dans l'absence ou l'oubli de la vérité théorique (physique ou métaphysique suivant les dictionnaires) affirmée dans mon principe ou précepte générateur de la morale, tous les principes proposés sont faux et donnent de mauvais résultats, tandis que cette vérité reconnue et visée, ils sont tous admissibles et conduisent tous au même résultat attendu qu'ils rentrent les uns dans les autres. Il est clair que je n'applique pas réellement ceci à tous les principes proposés, ne les connaissant pas tous, mais à cinq seulement des plus anciennement proposés et des plus connus en terminant par la justice. Ceci m'amène à viser directement les 250 premières pages de la *Science de la Morale*. Mes critiques ne diffèrent pas essentiellement quant au fond de celles que vous avez tolérées dans mon article de 1869 à la *Bibliothèque Universelle* mais les positions respectives ne sont plus tout à fait les mêmes, et puis c'est autre chose d'annoncer un ouvrage en l'abrégeant et de dire en passant qu'on diffère sur tel ou tel point, ou de prendre cet ouvrage à partie pour édifier une autre doctrine sur la démolition de la sienne, sinon peut-être, ce qui est plus délicat encore, pour s'efforcer de prouver, texte en main, qu'il conduit réellement à une doctrine qu'il fait profession de répudier.

Et cependant il m'était impossible, précisément en raison de l'importance supérieure que j'attache à la *Science de la Morale* de passer à côté sans la citer; il me fallait ou la ruiner ou la tirer à moi pour pouvoir énoncer *scientifiquement* mon propre principe, et je ne pouvais pas renoncer à formuler celui-ci sans renoncer à ce qui fait l'objet à peu près exclusif de mon activité, je dirai même sa raison d'être.

Et pourtant je ne saurais supporter la pensée de vous être désagréable. Pour peu que vous y voyiez quelqu'avantage, je vous enverrai copie du passage où le principe de justice est discuté, prêt à supprimer ce qui vous paraîtrait des vivacités ou des libertés d'expression trop grandes. Quoiqu'il en soit j'implore d'avance votre indulgence et votre pardon, non pourtant dans ce sens que je songe d'avance à désarmer ou à émousser votre réplique, si vous jugez que mon argumentation en mérite une. Au contraire, je désire seulement que les rapports personnels, loin d'en souffrir, en soient plutôt resserrés, car nous ne différons que sur le mode jugé le plus logique pour arriver à des conclusions presque identiques. Dans tout ce qui est institution, législation, je pense même être encore un peu plus juridique que votre école.

Mes articles ne paraîtront guère avant le prochain hiver, M. Ribot a du pain sur la planche.

Ma femme a aussi été malade, bien longtemps et gravement, elle est aujourd'hui rétablie mais bien faible. Elle n'est pas encore sortie de la maison (depuis sept mois).

Adieu, cher ami, croyez-moi entièrement à vous.

CH. SECRÉTAN.

LXIII. — *M. Renouvier à M. Secrétan.*

La Verdette, 24/4 81.

Cher ami,

Que je vous dise d'abord combien j'ai été heureux de reconnaître votre écriture, et puis, au décacheter, de trouver de bonnes nouvelles de votre santé — relativement bonnes au moins, car on n'en peut guère donner ni attendre d'autres à notre âge. Je m'afflige de

10

ce que celles de la santé de M⁰ᵉ C. S. sont moins satisfaisantes. Il semble pourtant que vos inquiétudes sont maintenant un peu calmées à son sujet. Vous ne me parlez pas du jeune philosophe dont j'ai eu le plaisir de faire la connaissance il y a quatre ans ? — Vous êtes vraiment bien aimable et beaucoup trop scrupuleux. En thèse générale je ne demande que la critique sérieuse pour mes pauvres pensées; de votre part non seulement je ne peux attendre de critique que sérieuse, mais même je me crois certain qu'il ne me peut rien venir de blessant. Or il ne peut y avoir absolument que cela au monde qui me fît de la peine. Les arguments quelque vivement poussés qu'ils puissent être m'ont toujours semblé quelque chose d'impersonnel. Enfin, cher ami, je serai charmé de voir vos idées développées d'une manière à laquelle vous attachez du prix et vous savez l'estime que je professe pour votre philosophie, en dépit de nos dissidences. J'imagine que je vous répondrai — car hélas : on répond toujours : — et que vous ne serez pas plus offensé de mes parades que je ne l'aurai été de vos bottes portées.

Je n'ai pas répondu à M. Fouillée qui m'a fait l'honneur d'instituer contre ma *Science de la morale* une polémique en règle. C'est que son argumentation est du genre minutieux et cavillatoire, le contraire du genre sympathique et pénétrant recommandé par son élève M. Guyau. Or un auteur critiqué qu'on oblige à montrer de phrase en phrase qu'on ne le comprend pas, que ce n'est pas lui qui se contredit, mais que c'est l'autre, etc., etc, est un homme condamné à choisir entre ces deux genres : le genre ennuyeux et sans profit pour personne, et le genre méchant. Or je suis contrarié d'avoir à faire ce choix.

Vos polémiques, à vous, n'ont jamais été de cette nature, je n'ai pas besoin de le dire.

Croyez-moi toujours votre bien dévoué.

C. RENOUVIER.

LXIV. — *M. Renouvier à M. Secrétan.*

La Verdette, 23/4 82.

Cher ami,

J'ai reçu trop tard votre aimable lettre pour faire ce qui m'eût été facile, et bien à propos, une place à la thèse de M. Duboux de Lausanne dans mes articles sur M. Liard. Mais je venais tout justement

d'envoyer l'épreuve corrigée de mon dernier, — paru peut-être en
ce moment — et j'ai vidé mon sac sur la question. Mais il sera
facile d'écrire un petit compte-rendu tout exprès, et je suppose qu'un
jeune collaborateur de la *Critique philosophique*, M. Grindelle, s'en
chargera volontiers. A son défaut, je le ferai, en manière de signaler
à mes lecteurs un bon résumé de cette physique de Descartes dont
on leur parle souvent. Et en effet ce résumé me paraît bon quoique
tenant un peu du panégyrique. J'ai entrepris un assez gros travail
qui m'occupe fort et qui retardera, car il faut battre le fer pendant
qu'il est chaud, la *forte étude* à laquelle je voudrais me livrer de vos
principes de morale. Je désirerais bien ne pas me contenter de polémiques avec vous de la manière dont on peut, hélas! le faire toujours. Je désirerais ne pas m'exposer en vous répondant, à montrer
une main lourde (vous qui l'avez si légère que vos malices mêmes,
en nos temps grossiers, doivent paraître flatteuses!) et il faudrait
pour cela me mettre en état d'exposer votre doctrine, comme je peux
la comprendre, afin de mettre bien le doigt sur le point où nous
différons l'un de l'autre. Cela viendra, s'il plaît à Dieu, mais la faiblesse de ma mémoire m'interdit de mener plusieurs travaux à la fois.
Au reste, je ferai toujours bien, ce me semble, d'attendre le *supplément* que vous devez, si je vous ai bien entendu, donner de vos articles
de la Revue Ribot et qui contiendra vos vues sur l'*État de Guerre*.

Les journaux m'ont appris hier la mort de Darwin. Voilà un
homme qui aura pu se vanter d'avoir lancé le monde sur une piste
d'athéisme un peu distinguée.

Adieu, cher ami, veuillez me rappeler au souvenir de vos enfants
et présenter mes respects à Mme Secrétan.

   A vous de cœur.

            C. RENOUVIER.

    LXV. — *M. Secrétan à M. Renouvier.*

           Villa Paleyres, le 4 mai 1884.

  Cher ami,

On m'a demandé pour la seconde fois de faire quelques Conférences à Montauban. Le désir de vous revoir n'a pas été l'un des
moindres motifs qui m'ont porté à accepter cette mission. Je compte
lire mes cahiers du 19 au 22 et revenir par la vallée du Rhône ou
par les Cévennes.

Serez-vous à la Verdette du 25 au 30 courant? Y serez-vous disposé à me recevoir pour un jour ou pour quelques heures? Je sais que vous travaillez sans cesse, et je pense qu'une interruption, même forcée, ne vous ferait point de mal, seulement il vaut mieux que le loisir ait pu être ménagé.

Si notre correspondance, une fois passablement active, est maintenant interrompue, je pense qu'il faut en chercher la cause non dans un refroidissement, mais simplement dans l'accumulation du travail qui se fait sentir peut-être plus lourdement à mesure que le temps avance. Je ne voudrais donc pas imposer à vos doigts un labeur superflu. Je me tiendrai pour agréé et sûr de vous trouver au logis si vous ne répondez rien. Que si, pour me contremander ou pour toute autre raison vous préférez une réponse explicite, écrivez ici jusque et y compris le 13 ; je compte partir le 15 et prendre le chemin de l'école — du 15 au 20 chez M. le doyen Bois, Montauban — du 21 au 24 chez M. Westphal-Castelnau, Montpellier. — Si d'aventure vous étiez dans la perfection avec M. Dauriac à Montpellier une carte de vous portant mon nom et son adresse, ferait merveille. Il a dit un mot sur la logique de l'évolutionnisme que je voudrais me faire expliquer. J'ai été bien sensible à la cordialité de nos amis Pillon l'année dernière à Paris.

La santé de ma chère femme est fort ébranlée, elle est au lit depuis trois semaines, convalescente d'une crise qui peut malheusement se répéter.

Cette convalescence est régulière, si elle était troublée je serais bien forcé de lâcher mes Montalbanais.

Adieu, je serai bien heureux si je vous retrouve bien.

CH. SECRÉTAN.

LXVI. — M. Secrétan à M. Renouvier.

Montauban, le 22 mai 1884.

Cher ami,

Ma besogne d'ici s'achève demain. Samedi au soir je pense arriver à Montpellier où mes amis m'attendent. Mon dessein est d'y rester jusqu'à mardi et le meilleur train pour partir d'une maison particulière, à la campagne, me semble celui de 10 h. 20; mais je voudrais m'arrêter quelques heures à Nîmes pour y faire deux visites. J'arriverai donc au Pontet mardi soir. Comment? par quelle voie? par quel train ? c'est ce que j'ai de la peine à décider moi-même ; ce sont vos convenances personnelles qui doivent ici être consultées en premier lieu. Je me rends assez mal compte de la différence qu'il y a entre l'arrivée à Avignon ou au Pont d'Avignon relativement à la Verdette.

Je pourrais être au Pont d'Avignon à 4 h. 33 ou 9 h. 25 ou à Avignon par Tarascon à 4 h. 37. Toutes choses égales d'ailleurs, je préférerais le Pont, comme route nouvelle, et sans transbordement, mais ces différences sont si peu de chose que la moindre différence de votre côté ferait pencher la balance de l'autre côté. C'est donc au Pont d'Avignon à 4 h. 33 que je pense quitter le chemin de fer, si vous ne me donnez un autre avis chez M. Westphal-Castelnau à Montpellier. J'ai causé hier avec M. Benezech qui vous aime presque autant que moi et qui m'a chargé de vous le redire, je m'acquitte de ma commission. Voici trois jours que je ferraille avec MM. les professeurs après mes lectures et j'en suis un peu fatigué. Reçu d'ailleurs parfaitement bien. Les étudiants me semblent s'intéresser à leur ouvrage. Je serai bien content de me reposer un moment chez vous.

Adieu et merci.

CH. SECRÉTAN.

LXVII. — *M. Secrétan à M. Renouvier.*

Villa Paleyres, le 18 juin 1884.

En vous remerciant tardivement, cher ami, du bon accueil que vous m'avez fait il y a trois semaines, je vous demande ou je vous rappelle de vouloir me marquer le moment où vous serez installés à Aix. Je serai libre de mes mouvements à partir du 10 juillet et ne voudrais point négliger le moment favorable. Les plans de course ne seront sans doute pas plus maigres que la dernière fois, mais peut-être la voie de Culoz ne vous sourira-t-elle pas beaucoup et serez-vous curieux d'inspecter la nouvelle ligne par Annecy. Il ne m'a pas semblé que l'ordre des trains y favorisât beaucoup un séjour à Genève en partant d'Aix, mais je n'y ai pas encore vu bien clair.

J'espère aller vous voir moi-même à Aix et me rendre compte de ce pays que j'ai traversé vingt fois sans m'y arrêter jamais. Je suis poussé en Savoie par une attraction subsidiaire, le désir de faire

visite à M. Taine qui passe la saison tout entière sur les bords du
lac d'Annecy. M. le pasteur Hollard, rue Madame, Paris, une connaissance de M. Pillon, m'a mis récemment sur la conscience d'aller
le voir. Chargé de faire l'instruction religieuse de sa fille, il a trouvé
M. Taine dans des dispositions assez différentes de ce que ses livres
de philosophie auraient fait préjuger. J'aime à croire que l'excellent
pasteur ne compte pas sur moi pour la conversion de son philosophe, je craindrais bien plutôt l'effet contraire; mais il désire sans
doute avoir mon impression : bref, il a ma parole et je la tiendrai
d'autant plus volontiers que j'ai lieu, d'autre part encore, d'espérer
un aimable accueil. Il me sourirait beaucoup que vous aussi, ou
M. Pillon, ou tous les deux profitassiez du voisinage pour voir ce
logicien qui m'intéresse depuis longtemps, c'est-à-dire depuis que
son *Intelligence* m'a fait deviner en lui un père tendre. Si les philosophes se faisaient dévots, peut-être le troupeau se laisserait-il
persuader de mettre un peu plus de raison dans sa dévotion, ce qui
répondrait à un besoin vivement senti.

Quelques jours après mon retour, retardé de quelques heures par
le dernier éboulement en amont du Fort l'Écluse, j'ai reçu le premier exemplaire d'un volume sur le *Principe de la Morale* formé
d'articles que vous connaissez. Vous y avez déjà touché chez vous,
pour ce qui concerne mes critiques de la *Science de la Morale* que
j'ai je crois, un peu abrégées. J'espère néanmoins que vous ferez
une annonce du volume par considération pour l'éditeur qui certes
en a grand besoin. Il a sans doute envoyé déjà un exemplaire au
bureau de la *Critique*, mais je ne sais s'il en a mis deux. L'aventure
de mon petit cahier d'hérésies m'a détourné de vous en expédier
encore un de mes dits, mais s'il ne vous arrive pas de Paris, je
serais fort honoré de vous l'offrir.

Je vous prie de me rappeler à M. d'Albenas s'il est encore avec
vous, et si vous écrivez à MM. Dauriac ou Pinchinat marquez-leur
en passant tout le plaisir que j'ai eu à les rencontrer.

Adieu donc, cher ami et à bientôt. Votre

CH. SECRÉTAN.

LXVIII. — *M. Secrétan à M. Renouvier.*

Lausanne, le 26 août 84.

Bien chers amis,

Je voulais différer mon remerciement pour votre aimable accueil jusqu'à ce que j'eusse quelque chose à vous écrire qui en fît passer l'ennui, mais il faudrait peut-être trop attendre, je ne sais plus ce qui adviendra de vous après le mois expiré et je voudrais que ma cordiale salutation vous trouve encore ensemble.

Peut-être le choléra du midi vous a-t-il conseillé de rester à Aix où la chaleur doit être encore suffisante, s'il est permis d'en juger par celle d'ici — peut-être êtes-vous las de dîner à la cave. Si vous étiez venu jusqu'à Évian, vous auriez vu hier des régates qu'on dit avoir été magnifiques et un feu d'artifice qui faisait encore quelque figure de notre balcon.

Depuis vous, je suis retourné en Savoie, pour montrer un glacier à ma fille Sophie qui n'en avait encore point vu. Elle a poussé jusque sur la mer de glace et moi jusqu'au bas. Nous avons passé ensemble cinq jours bien paisibles à Trient, un humide Élysée au dire d'André Chénier.

J'y ai mis au net un mémoire sur la *cause, la puissance et la foi* qui sera lu à l'Académie des Sciences morales et politiques quand il aura plu à M. Jules Simon, son secrétaire, de m'assigner un jour. Il sera précédé d'un autre sur *l'Hypothèse et le Postulat*, tous deux à propos de l'Évolution. Ce sont des essais formés de mes Conférences à Montauban. J'aurais bien voulu vous consulter sur ces sujets et avoir quelque bonne discussion philosophique, mais je n'ai jamais osé, vous aviez l'air si occupé... et puis il faisait si chaud.

Si madame Pillon n'avait pas aussi peur des petits bateaux que ma femme, vous ne quitteriez pas Aix sans emporter la carte d'*Aymomer François, dit Bacchus*, premier batelier de la ville, où vous apprendriez que les bateaux loués par cet industriel *servent de guide* sur la Dent du Chat, la dent de Nivolet, et autres montagnes, ce qui est sans contredit la plus grande merveille réalisée jusqu'à ce jour par la mécanique. Je m'en veux un mal de mort de ne pas l'avoir vérifié. Allez au moins jusqu'au port voir si j'exagère en quoi que ce soit les merveilles de cette réclame et tâchez d'en faire l'essai.

Pardonnez-moi la fatuité que j'ai de vous envoyer ces photographies dont le petit air fier me semblerait pouvoir être envié par l'original.

Veuillez présenter à M. le président Pinchinat l'assurance de mon bien affectueux souvenir et croyez-moi comme toujours votre débiteur insolvable.

Je fais des vœux bien vifs pour que vous fassiez tous bonne cure et que vous emportiez de votre Savoie un excellent souvenir. On est passablement bien ici. Toutes nos dames vous saluent avec tout le respect dû à la pensée et se recommandent tendrement au bon souvenir de Mᵐᵉ Pillon.

Adieu, votre

CH. SECRÉTAN.

LXIX. — M. Secrétan à M. Renouvier.

Villa Paleyres, 15 déc. 1885.

Que de grâces, cher ami, n'ai-je pas à vous rendre et que vous me comblez! J'étais précisément occupé à chercher pour le relire le premier cahier de la *Critique* renfermant votre beau et grand travail sur l'Histoire de la Philosophie pour le relire et l'utiliser dans mon cours, lorsque ces deux imposants volumes me sont arrivés de votre part. Merci encore. Je ne m'acquitterai jamais de ma dette envers vous.

Et pourtant je voudrais passionnément emprunter encore. Je voudrais vous comprendre. Je n'y parviens pas. J'entrevois l'enchaînement logique de vos idées, mais je ne réussis pas à me l'assimiler, à vivre intérieurement de votre pensée. Je ne puis pas me dégager de *la chose*. J'ai dit une fois moi-même que le sens commun n'a d'autre droit en philosophie que le droit à être expliqué comme les autres phénomènes, je ne puis me l'expliquer qu'en en subissant la loi. Je ne puis pas comprendre que ces rochers du Chablais aperçus de ma fenêtre n'aient pas un en soi, ne soient pas des sujets suivant votre terminologie, qu'ils n'existent que comme représentés dans *ma* conscience, ce qui n'est sûrement pas votre opinion; je puis bien admettre, c'est-à-dire supposer ou croire qu'ils n'existent qu'à titre de représentations dans une autre conscience, mais cela m'avance peu parce que je ne comprends pas comment les représentations d'une conscience s'imposeraient à une autre conscience mieux que je ne conçois la nature d'un objet matériel et son

action sur un esprit. Je puis aussi supposer que les corps sont composés de monades représentantes, comme le veut Leibniz, mais cela
ne résout pas encore mon problème, comprendre la représentation
d'un non moi sujet dans le moi. Il me faudra relire vos essais que
j'ai déjà lus plusieurs fois. Mais si je pouvais trouver votre pensée
quelque part sous une forme aphoristique, sans appareil de critique
et de démonstration, comme un credo ou une suite de thèses, je
vous serais bien obligé de m'en marquer le lieu. Cette lecture me
servirait à m'orienter dans le détail.

Je voudrais vous comprendre par respect d'abord, par confiance
et par amitié, puis dans l'espoir d'arriver à me comprendre moi-
même. Je sens que je ne suis qu'un amateur, je constate en moi
d'affreuses lacunes, mais c'est par d'autres seulement que je puis
savoir si je suis conséquent ou si je me contredis dans les points
dont je disserte.

Je vois, avec infiniment de plaisir, par vos grands travaux, que
vous allez bien et que votre vigueur est intègre, j'ai suivi de mon
mieux votre réplique à Fouillée, de mon mieux, c'est-à-dire assez
mal. Je sens que ma tête s'en va tout doucement, la paresse m'en-
vahit, ma faculté de travail se réduit à presque rien. J'ai entrepris
de me compléter et de me résumer dans un livre exotérique, dans
une manière de prédication et depuis six mois, je n'ai pas encore
écrit le brouillon de cent pages, qu'il faudra probablement brûler
pour en tirer quelque lumière.

Ma femme, confinée depuis assez longtemps au logis, va pourtant
bien.

Mon fils, après dix ans d'études, vient s'établir à notre porte
comme médecin et depuis hier se trouve chez nous pendant qu'on
cloue sa plaque sur sa porte dans la rue la plus prochaine de la
vieille ville.

Faites, je vous prie, que je sache où vous passerez vos mois d'été,
j'en userai avec discrétion, mais je renonce difficilement à l'habitude
de vous voir sachant d'ailleurs qu'à notre âge il la faudra perdre
bientôt.

Adieu et merci encore. Je lis un chapitre tous les jours dans mon
lit, de préférence dans les cahiers de la *Critique* plus légers à la
main.

Votre

CH. SECRÉTAN.

LXX. — *M. Secrétan à M. Renouvier.*

Villa Paleyres, le 29 déc. 1885.

Cher ami,

Votre lettre a été d'autant mieux venue que j'allais vous écrire pour m'excuser de la première comme d'une indiscrétion inutile. Non seulement vous répondez à tous mes désirs, mais je n'avais plus besoin d'explication après avoir rafraîchi ma mémoire et reconstitué votre pensée en lisant les conclusions de vos deux beaux volumes. J'ai lu ceux-ci du premier mot au dernier avec le plus vif intérêt et je ne pense pas que vous ayez rien fait de plus concluant et de plus décisif. La lecture coupée et incomplète que j'avais faite précédemment sur les cahiers et sur les feuilles à leur arrivée ne suffisait pas pour me faire apprécier toute la valeur de l'ouvrage. Maintenant je crois bien vous comprendre.

Nous serions donc des représentations représentantes contenues dans la conscience de Dieu, par sa volonté. Toute la création, toutes les monades avec les lois de leur harmonie seraient une représentation de Dieu qui crée en représentant le monde moral.

Je ne vois pas bien pourquoi admettant la perpétuité ou du moins l'identité continue des consciences individuelles de tous les degrés, vous tenez à éviter l'emploi des mots être et substance, mais ce n'est qu'une affaire de terminologie, il me semble même vous l'avoir entendu dire une fois.

Ce qui me paraît la difficulté jusqu'ici insurmontable pour moi c'est le commencement absolu. Nous devons statuer un commencement du temps, bien. Le temps ne commence qu'avec la réprésentation. Dieu ne prend conscience de lui-même que dans l'acte créateur. Je le veux; ce qui me fait répugner un peu à cette proposition pourrait bien n'être qu'une habitude, une superstition de la vieille théologie. Dieu n'est connu qu'en rapport avec son œuvre. Dieu avant la création est donc absolument incompréhensible.

Je l'admets. Mais peut-on affirmer que, quoique absolument incompréhensible, il est quelque chose? Dans ce cas nous saurions pourtant 1° qu'il est, 2° qu'il est sans conscience, et alors je me demande 1° si ce n'est pas trop en savoir, 2° si la privation de conscience suffit pour écarter le temps infini? enfin si pour vous l'idée d'un x sans conscience n'est pas celle d'un 0. Ou bien faut-il dire

que Dieu n'était rien, qu'il a commencé d'une manière absolue?
Qu'on accepte la formule : tout vient de rien, ou qu'on la repousse
comme prêtant l'être à rien et impliquant un rapport de causalité
dans une sphère où la catégorie de la causalité ne s'étend pas. Cela
n'ajoute rien et n'ôte rien à l'impossibilité mentale que j'éprouve à
supposer, à affirmer comme pensable ce commencement absolu de
tout. Et il me semble que vous-même, dans votre dernière exposition, vous usez d'expressions réservées de manière à laisser l'esprit
suspendu entre la première formule : « Avant la création, l'abîme
insondable » et la seconde : « Avant la création... *rien* ».

Le vrai sens serait-il dans cette réserve même? serait-ce : Avant
la création on ne *doit* rien penser du tout, on ne doit pas se demander s'il y avait un x ou s'il n'y en avait point. Tout ce qu'on sait,
c'est qu'on ne peut rien énoncer sur le sujet sans se contredire.

Ce troisième sens, je serais disposé à m'y ranger dans la mesure
du possible. Mais je crains qu'il ne vous suffise pas; je crains que
la vraie doctrine ne soit : Avant un moment assignable il n'y avait
rien. Et comment y aurait-il eu quelque chose puisqu'il n'y avait
point de représentation et que tout est représentation? Et c'est cela
que je ne puis pas avaler. Il faut bien qu'il y ait de la difficulté,
puisque, comme je le disais une fois, des milliers d'esprits, séduits
sans doute par les apparences, ont cru pouvoir, en divers temps,
statuer la synthèse des contraires, tandis qu'on s'est avisé si tard du
commencement absolu. Il est vrai qu'il n'y aurait pas lieu d'en rien
inférer contre lui. Plutôt le contraire. Mais enfin je voudrais mordre
et je n'arrive pas; mes dents sont trop faibles, la noix est trop dure.
Il va sans dire que tout ceci ne demande aucune réponse, ce n'est
qu'une confession.

Je trouve beaucoup de solidité à ce que vous dites sur l'impossibilité d'expliquer le mal physique. Si l'on place la chute avant la création du monde sensible, on se meut dans le fantastique et l'on court
le risque (suivant moi ce n'est qu'un risque et *non pas une nécessité
logique*) on court le risque de placer le mal dans l'existence du multiple et du fini comme tels.

Si l'on met le mal après l'établissement de l'humanité sur cette
planète, on se ferme tous les chemins qui conduisaient à l'explication
cherchée.

Il vaut donc mieux s'abstenir et je m'en souviendrai. Cependant
je ne crois pas que sans forcer, les choses et m'interdire des chemins

ouverts, on puisse ramener mes anciennes idées à l'émanatisme.
Pourquoi ne pas admettre (par hypothèse et comme simplement
concevable) une créature en rapport de société avec son créateur,
affectée par celui-ci d'un devoir quelconque qu'elle violerait, d'où
résulteraient matérialisation, dissémination, évolution, etc. Ce ne
serait pas de l'émanatisme et cela ne placerait pas le mal *dans la
matière et dans la pluralité*, qui seraient au contraire des moyens de
restauration.

Et quant à l'idée énoncée en dernier lieu : Création par voie d'évolution, que vous visez en note, t. II, p. 343, il est vrai qu'on ne
saurait y trouver à placer une supposition sur l'origine du mal
physique indépendante de la volonté du créateur, ce dont je puis
prendre mon parti ; mais si l'évolution est en effet l'effort de la
liberté pour apparaître, il suffit que cette liberté soit effectivement
apparue pour expliquer le mal moral comme accidentel et voulu
simplement en tant que possible, point sur lequel nous nous accor-
dons.

Cette opinion m'est suggérée moins par le désir de m'accommoder aux évolutionnistes empiriques ou panthéistes dont je tiens au
contraire à me séparer, que par la pensée qui m'a suggéré précédemment la formule de l'absolue liberté. Ma méthode, si je puis parler
d'une méthode, est essentiellement inductive. En voyant comment
le caractère se forme par les déterminations volontaires, comment
la liberté apparente crée en nous la nature et la nécessité, je suis
arrivé à penser que la liberté créatrice était exclusive de toute
nature déterminée en Dieu. Il est ce qu'il veut et, ne connaissant ce
qu'il veut que par la création, nous ne pouvons absolument rien
dire de lui avant la création, en quoi nous serions d'accord.

Et pour la créature libre, j'ai cherché aussi à la concevoir la
moins déterminée que possible par l'acte de sa création. La lecture
de votre tout dernier chapitre sur l'histoire de votre pensée m'a
intéressé autant que vous pouvez croire sans apporter des clartés
bien nouvelles sur le point où j'ai pris la liberté de renouveler d'anciens débats. Tout me semblerait pouvoir se concilier avec cette idée :
« Il faut partir d'un commencement du temps, marqué par un acte
constitutif de Dieu et du monde et en arrière duquel nous ne pouvons rien formuler, rien imaginer et rien concevoir ». C'est le terrain sur lequel nous nous entendrions (moi retirant ce que j'aurais
pu dire dans un autre sens). Mais la page 378 m'épouvante. Et je me

demande si poser dogmatiquement un premier *commencement avant lequel* on affirme qu'il n'y avait rien, se concilie bien avec la thèse que le temps n'existe que dans la représentation.

Ce n'est pas par l'infinitisme, c'est par un peu de scepticisme que je tempère à mon usage le tranchant de la critique.

Adieu, votre

CH. SECRÉTAN.

LXXI. — *M. Renouvier à M. Secrétan.*

4/1 87.

Cher monsieur et ami,

Recevez mes bien vifs remerciements et tous mes vœux en échange des vôtres et de votre aimable lettre. J'ai reçu l'envoi de votre infatigable et savante propagande. Notre ami Pillon, que j'ai le plaisir d'avoir auprès de moi, a dû vous en faire notre commun compliment. J'attends cependant, pour vous lire, d'être entièrement remis d'une forte secousse de la gastralgie, ou accès de *vertige stomacal* auxquels je suis sujet pendant la saison froide, et qui, cette année, m'attendait au passage du cap de ma soixante-douzième année, c'est-à-dire le 1er janvier précisément, anniversaire de ma naissance. Je me sens aujourd'hui beaucoup mieux, et capable au moins de remplir mes devoirs de correspondance.

Le Numéro de la *Critique philosophique* prêt à paraître vous apportera la première partie d'une réponse de M. Armand Sabatier à l'un de mes articles sur « l'évolutionnisme chrétien ». Je vais m'occuper d'une réplique. Je serais heureux d'avoir votre opinion sur cette polémique au moins quand elle sera plus avancée. Je ne me souviens pas bien, si tant est que je l'ai su jamais, de ce que vous pensez au juste sur cette terrible question, qui devient et qui deviendra de plus en plus celle du siècle. Mais je croirais malaisément que votre esprit se contente pour tout acte de création de la constitution faite divinement, au commencement du temps, d'un *quid indeterminatum, universale, potentia, præditum*, appelé à devenir spontanément tous les êtres, à travers une suite indéfinie de siècles. Si le christianisme en venait là, il n'y aurait entre le christianisme et le brahmanisme que l'épaisseur d'un cheveu.

Pourquoi M. Naville ne nous a-t-il pas donné — ou, s'il l'a fait

quelque part, je voudrais bien l'apprendre de vous — son opinion
sur le sujet?

Je suis toujours très cher monsieur et ami,

Votre bien dévoué.

C. RENOUVIER.

LXXII. — *M. Secrétan à M. Renouvier.*

Montpellier (Villa Louise), 29 mars 1889.

Bien cher ami,

Je ne trouve rien de vous ici et je ne me souviens plus précisément de ce que je vous ai écrit de Montauban. Vous comprenez
combien il serait cruel pour moi d'avoir traversé le Midi, pour la
dernière fois suivant toutes les probabilités humaines, sans vous
avoir serré la main et pris intérieurement, silencieusement congé
de la Verdette. D'autre part, il est très possible, pour raison de
santé ou pour d'autres, qu'il ne vous fût pas agréable de me loger
un jour entier maintenant. Une aimable invitation que j'ai reçue
dans le voisinage me permettrait d'éviter cette extrémité. Donc,
quoique je puisse vous avoir écrit, ne m'attendez pas; si vous me
voulez, écrivez-le-moi ici où je serai jusqu'à dimanche soir. Au reçu
de votre invitation je vous écrirai par quel train je compte arriver,
ou vous pouvez me marquer vous-même comment je dois arriver en
me laissant la possibilité de passer deux à trois heures à Nîmes. Si
vous ne me prenez pas chez vous, je viendrai tout de même de
Sorgues vous serrer la main. Dans l'une des éventualités comme
dans l'autre, ma visite sera courte, beaucoup trop courte pour mon
désir, car il faut que je rentre bientôt au logis; pour moi les loisirs
studieux sont une besogne à peu près incessante, quoique pas trop
rude.

Heureux qui travaille.

Adieu.   CH. SECRÉTAN.

LXXIII. — *M. Secrétan à M. Renouvier.*

Villa Paleyres, le 2 mai 1889.

Cher ami,

Ce n'est pas sans émotion que j'ai quitté cette Verdette où vous
m'avez accueilli comme un hôte et comme un ami de tous les jours,

où j'ai déjà vu tant de transformations et où malgré l'attraction d'un prochain Jubilé, mon espoir de revenir est assez faible. Ce n'est pas que nous n'eussions l'air l'un et l'autre de pouvoir aller encore un moment, mais plus l'on va, moins l'on va, la faculté de locomotion s'émousse, l'empire des habitudes devient plus impérieux. Enfin il faut être content du présent, heureux du souvenir sans trop demander au lendemain! De tout ceci ne prenez que mon remerciement, qui pour venir bien tard n'est pas moins sincère. Cependant cette sincérité pourrait être suspectée, car depuis que je songe à vous écrire dans le sentiment de ce devoir, il m'est arrivé quelque chose qui me porte à le faire dans mon intérêt. Ce sont les épreuves d'un petit in-douze d'*Études sociales* qui paraîtra ici dans quelques semaines. Comme les articles recueillis dans ce volume ne sont guère qu'un développement des idées énoncées dans le prologue et dans l'épilogue du précédent, *la Civilisation et la Croyance*, il serait facile si la *Critique* accorde quelques lignes à celui-ci, qui rentre bien en plein dans son ressort, d'y joindre ces applications. La *Bibliothèque Universelle* en a parlé il y a un mois et le *Journal des Débats* il y a six jours. Il est vrai que la rédaction avait gardé l'article « sur le marbre » à peu près un an.

Le mouvement imprimé par MM. Charles Robert, Gide, de Boyve, Gouth, etc., dans le sens de la coopération, etc., m'intéresse extrêmement. Je vois dans ces réorganisations de gré à gré le seul préservatif possible contre les tentatives du socialisme autoritaire dont les fins, les moyens, les instruments me semblent également odieux. Quelque banales que soient les idées sur lesquelles roule ce mouvement, il y a énormément à faire pour faire pénétrer ces vérités élémentaires dans la conscience publique, énormément ensuite pour les faire passer de la conscience dans la pratique. C'est à cette tâche que j'ai consacré mes dernières années, j'ai besoin d'être éclairé, redressé et encouragé. Je m'adresse à vous comme à un foyer de toutes les sympathies humaines.

Je vous remercie et je remercie M. Autemps pour les deux magnifiques photographies et je serais heureux d'apprendre à l'occasion comment a réussi celle de votre dévoué et reconnaissant ami.

CH. SECRÉTAN.

LXXIV. — *M. Renouvier à M. Secrétan.*

La Verdette, 3/9 89.

Cher ami,

Tous mes remerciements pour votre aimable lettre. J'espère bien vous embrasser encore une fois l'année prochaine si les fêtes de l'université de ma ville natale doivent vous ramener dans le midi. Ma santé n'est, il est vrai, pas aussi brillante que la vôtre, — et tant s'en faut, mais on espère toujours : c'est la vie. Mon état de surdité, ma fatigue aussi du larynx se sont fort aggravés depuis votre passage.

J'ai parfaitement le sentiment de mon devoir et de ma dette vis-à-vis de *Civilisation et de Croyance.* Il y entre même du remords. Le nouvel ouvrage que vous m'annoncez me décidera à me libérer! Laissez-moi seulement finir mon étude sur Victor Hugo que j'ai malheureusement conçue sur des proportions trop vastes.

Combien je vous félicite d'avoir conservé le goût des études vivantes comme celles auxquelles vous vous livrez maintenant! j'ai aperçu tout à l'heure en ouvrant la revue Ribot un article dont le titre et les premières lignes me promettent une lecture attrayante.

Mon ami Adrien Autemps, mon photographe amateur, n'est guère content. Il a été trompé sur le temps de pose, que la blancheur de votre belle barbe aurait voulu plus court. Vous recevrez prochainement des épreuves.

Rappelez-moi, je vous prie, au bon souvenir de ceux ou celles des vôtres qui se souviennent encore de moi et des aimables accueils que j'ai reçus chez vous.

A vous de cœur.

CH. RENOUVIER.

LXXV. — *M. Secrétan à M. Renouvier.*

Villa Paleyres, [commencement de] 1890.

Cher ami,

Bien que harcelé par une besogne livrable à terme fixe, je ne puis pas employer le reste de cette courte et sombre journée à autre chose qu'à vous dire combien j'ai été touché en voyant que vos derniers mots dans la *Critique* m'étaient adressés. Tous les détails de cette liquidation tels qu'ils sont entrevus par l'accent de votre adieu, par les indications de la couverture vont à m'ébranler.

Vous avez pourtant gagné dans l'Université M. Thomas après M. Dauriac sans parler de ceux que j'ignore et surtout de l'influence d'alentour, des conversions et confirmations partielles, qui sont sans doute le plus important de votre œuvre dans le présent, sans rien préjuger de l'histoire où vous avez en tout cas écrit bien distinctement votre nom.

Pour moi, de votre âge, j'ai quitté la métaphysique en même temps que vous, afin de consacrer le reste de mon temps à vulgariser des vérités pratiques dont la diffusion me paraît urgente. Articles ou livres, tout ce que je pourrais produire encore irait dans ce sens. Dans ce champ je puis être utile et trouver un public. Si donc je reviens encore une fois sur mes débats spéculatifs, c'est uniquement un accusé de réception, un remerciement et un adieu.

Sur la nécessité pour concilier le fait avec la croyance dans la suprématie d'un principe de justice, de statuer une chute antérieure au monde physique où nous vivons, je souscris à vos conclusions et regrette les hésitations où m'ont pu conduire l'influence de la tradition et la crainte de l'extraordinaire.

Sur le principe de la morale, je ne puis voir dans nos discordes qu'un malentendu et l'effet de positions prises, de formules affectionnées. Qu'on dise, avec l'approbation de M. Pillon, que la bienveillance est l'inspiration de la justice ou avec moi que la justice est l'ordre de la charité dans la charité et que l'amour sans la justice est contradictoire, puisqu'aimer un être libre c'est le vouloir libre et par conséquent respecter sa liberté, il me semble que c'est dire absolument la même chose. L'amour n'est point pour moi une affection, une préférence, un sentiment; l'amour est l'expression positive de la raison dans la volonté, l'affirmation pratique de l'universel et le rapport de cet impératif: fais tout le bien possible, aide autant que possible tous les êtres à se réaliser pleinement afin de s'unir librement — avec une autorité extérieure chargée de nous marquer nos devoirs est un rapport qui m'échappe absolument. Aussi bien M. Pillon s'est-il contenté de l'affirmer sans essayer de le faire entendre.

Enfin je ne puis pas comprendre qu'en remontant à n années en arrière, il n'y eût rien, je ne puis pas non plus, cédant à la force des raisonnements, l'affirmer sans le comprendre, je ne peux pas l'admettre même par hypothèse. Il y a n années il y avait quelque chose, parce qu'il fallait qu'il y eût quelque chose. Je suis arrêté net

11

par l'impossibilité de me placer dans le sentiment contraire. Reste à savoir si cette impossiblité m'est personnelle ou si elle est éprouvée par d'autres esprits, par le plus grand nombre des autres esprits.

S'il venait quelque chaleur l'été prochain et si vous pouviez vous déplacer sans trop d'ennui, revenez voir notre beau paysage. A 6 kilomètres de la ville dans la fraîcheur des prés et des bois, presque la montagne, je vous trouverais une pension suffisamment confortable chez les plus honnêtes gens du monde. Nous n'avons pas pris un congé définitif l'un de l'autre et dans mon dernier passage à la Verdette je ne vous ai presque pas vu et pourtant nous prenons de l'âge et qui sait...

Puisse mon projet vous sourire.

Saluez de ma part M. Autemps, remerciez-le des excellentes photographies qu'il a faites de vous, recevez les salutations de ma femme et croyez-moi toujours bien à vous.

CH. SECRÉTAN.

LXXVI. — *M. Secrétan à M. Renouvier.*

Lausanne, le 18 avril 1890.

Cher ami.

Depuis un mois je suis coupable à votre égard d'un tort qu'une extrême dépression et des occupations accumulées n'excusent que bien imparfaitement. Peut-être la couleur de mon papier vous surprendra-t-elle, peut-être aussi avez-vous reçu indirectement la nouvelle que je vous devais. Hier s'achevait la quatrième semaine depuis que j'ai conduit au cimetière la dépouille de la femme excellente toujours aimée, et maintenant presque adorée avec laquelle j'ai passé près de cinquante ans.

Si elle vous a laissé une impression nette, cette impression ne saurait être que bienfaisante. La candeur et l'élévation, le courage et l'esprit de paix, la bonté toujours, la bonté pour tous, voilà sa nature qu'une piété discrète avait cultivée et mûrie. Une pneumonie aiguë l'a emportée en quarante heures.

Vous avez pris votre retraite en même temps que la Providence me donnait la mienne. Depuis bientôt deux ans j'avais renoncé à l'investigation philosophique pour les questions sociales, non dans l'espoir de découvrir des vérités nouvelles dans ce domaine, mais pour contribuer à propager des convictions anciennes et faire quelque chose d'une utilité appréciable dans le chemin tracé près de vous par les

rédacteurs de l'*Émancipation*. Dans cet ordre d'idées, je venais de
terminer le premier brouillon d'un petit volume sur les Droits de
l'homme lorsque j'ai été frappé du coup qui me range parmi les
débris du passé et tout d'abord me rend extrêmement difficile la correction et l'achèvement de ce travail, promis pour un terme fixe.
Une infirmité physique incurable, assez gênante, à laquelle je ne
suis point encore habitué, contribue à me faire passer brusquement
d'une vieillesse assez verte à quelque chose comme la caducité.
Même si je remontais quelques degrés, il m'est difficile de comprendre comment je pourrais retrouver le ressort moral et la faculté
de produire. Autant vaut se taire, lorsqu'on ne peut que se répéter.

En me remerciant pour la collection de la *Critique Philosophique*,
le Bibliothécaire m'informe que *le second volume de la* 5e *année* manquait, tandis que le second volume de la 3e se trouve à double. Si
M. Autemps voulait bien m'envoyer le volume manquant je ferais
l'échange et vous retournerais le doublet.

Veuillez lui faire mes compliments et croire, malgré tout, à la sincérité de mon attachement.

CH. SECRÉTAN.

LXXVII. — *M. Renouvier à M. Secrétan.*

La Verdette, 22/4 90.

Cher ami,

Je suis douloureusement affecté par le malheur qui vous frappe,
Quoique j'aie bien peu connu Mme Secrétan, peu ou point causé
avec elle quand elle m'a reçu sous son toit, j'ai vu parfaitement
quelle bonté était la sienne, et quelle haute nature morale. Et vraiment cela se voyait ou se devinait assez à ses traits et à toutes ses
allures. Croyez, cher ami, à toute ma sympathie pour les moments
cruels du veuvage. Tâchez de travailler encore. J'espère bien que
vous le pourrez. Votre tête est de celles, — avec la grande habitude
d'exercer l'esprit — qui conservent la faculté du travail, et c'est
l'unique moyen à notre âge, au moins en dehors de la religion qui
ne peut pas tout, de lutter contre l'envahissement de la tristesse.
J'ai, moi aussi, ce bonheur, au milieu de mes infirmités, de rester
capable de penser et d'écrire. Mais je sens toute la force d'une expression qui est pour les jeunes une simple métaphore : « le poids de
l'âge » !

Mon viticulteur, photographe, maintenant un peu libraire, a dû vous envoyer hier ou ce matin le volume qui manque à la collection de la *Critique philosophique*. Je vous serai bien obligé si vous voulez prendre la peine, ainsi que vous me l'offrez, de nous retourner le volume qui se trouve en double. Pardon de l'embarras.

Votre bien dévoué toujours.

CH. RENOUVIER.

LXXVIII. — *M. Renouvier à M. Secrétan.*

La Verdette, 23/6 90.

Mon cher ami,

Je vous remercie de tout mon cœur pour l'envoi de ce portrait touchant et, même pour moi, ressemblant.

Tous mes compliments à votre infatigable activité productrice. Ce que j'ai écrit est à qui veut le prendre. Donc à vous bien plus qu'à qui que ce soit. Vous m'honorerez beaucoup où que vous trouviez occasion de me citer.

Bien à vous toujours.

CH. RENOUVIER.

LXXIX. — *M. Renouvier à M. Secrétan.*

La Verdette, 2/1 91.

Cher ami,

Se peut-il bien que vous me demandiez s'il me sera agréable de vous revoir *encore une fois*. Une et plusieurs fois encore puissiez-vous, non pas le sac au dos me surprendre, comme la première fois, cela je ne l'espère pas, mais faire escale à la Verdette à l'aller ou au retour d'un de ces voyages que vous faites si facilement à Montauban et à Montpellier. Tant que je serai vivant en mon trou, ce me sera un jour marqué de la pierre blanche, celui où vous viendrez m'y voir. Je n'en bouge plus, non pas seulement par humeur casanière de vieux, mais parce que je ne vis guère qu'à force de régime et de précautions contre le froid. Au demeurant, la surdité ne me rend pas encore entièrement incommunicable, j'entends les gens qui parlent à moi en articulant bien et élevant un peu la voix, je n'entends pas les conversations des autres devant moi. Ce qui est plus fâcheux c'est que ma mémoire est fort affaiblie. Combien j'admire votre verdeur intellectuelle et le goût si honorable et d'un si grand exemple qui vous fait abandonner en partie la métaphysique au profit des questions sociales. Elle m'ont beaucoup et bien stérilement occupé dans ma jeunesse. A présent je me sens chaque jour envahi par un triste et décourageant pessimisme.

J'ai reçu la deuxième édition de la *Civilisation* et la *Croyance*, et je vous en remercie beaucoup.

Je ne puis me faire à l'idée d'évolution comme mode de création. Absolument, je ne puis. Sur la question de la matière je regrette de ne vous avoir pas compris comme vous voudriez. Mon idée actuelle, — il paraît qu'il y a un Allemand qui a développé cette idée comme hypothèse d'histoire naturelle — c'est que la matière inanimée est un résidu mort d'êtres vivants, un détritus comme les coraux et les craies. L'azote et l'oxygène n'existaient pas primitivement en dehors des composés organiques. Ils n'ont pu être créés avant eux...

Je vous embrasse de cœur et vous envoie tous mes vœux pour vous et les vôtres.

C. RENOUVIER.

TABLE DES LETTRES

Coulommiers. — Imp PAUL BRODARD. — 11-10.

LIBRAIRIE ARMAND COLIN, rue de Mézières, 5, PARIS

Revue
de
Métaphysique et de Morale

=== PARAISSANT TOUS LES DEUX MOIS ===

Secrétaire de la Rédaction : XAVIER LÉON

ABONNEMENT ANNUEL (de janvier)

FRANCE, ALGÉRIE, TUNISIE.. 12 fr. » | COLONIES ET UNION POSTALE.. 15 fr. »
Le numéro........................ 3 fr. »

Chaque année de la Revue de Métaphysique et de Morale (un fort volume in-8° raisin, broché) est mise en vente au prix de 15 fr., sous réserve des exceptions suivantes :

1° En raison des numéros exceptionnels (Voir ci-après la liste de ces N°°) qu'elles renferment : l'année 1900 est vendue 20 fr. ; l'année 1904 est vendue 24 fr. 50 ; chacune des deux années 1905 et 1906 est vendue 20 fr. ; l'année 1908 est vendue 28 fr.

2° L'année 1893 (Première année) est incomplète, les N°° 2, 3, 5 étant épuisés.

3° L'année 1896 (prix 20 fr., en raison du numéro exceptionnel qu'elle contient) et l'année 1903, dont il ne reste qu'un très petit nombre d'exemplaires, ne peuvent être vendues qu'aux acheteurs de la collection complète.

Les N°° des années parues, non épuisés, peuvent être fournis au prix de 3 fr. chacun, — Sont épuisés les N°° 2, 3 et 5 de 1893 ; 4 et 5 de 1895 ; 4 de 1896 ; 1 de 1900 ; 4 de 1902 ; 1 de 1903.

La Revue de Métaphysique et de Morale s'est proposé de restaurer en France l'étude de la philosophie conçue dans son unité, comme la discipline supérieure de la connaissance et de l'action.

L'idée même d'une telle discipline avait été oblitérée par suite des progrès de l'esprit positiviste qui démembre la philosophie en sciences spéciales, presque les plus spéciales de toutes, et partant les plus étrangères à la pensée spéculative.

Pour rétablir cette idée et pour rendre par là à la philosophie, autant que possible, la place qui lui appartient dans la direction de la vie pratique, la Revue de Métaphysique et de Morale a fait appel aux esprits spéculatifs qui pouvaient se rencontrer et mettre en valeur leurs méditations solitaires.

Chacun de ses numéros contient :

des *Articles de fond* consacrés à des problèmes de Psychologie, de Métaphysique, de Morale, de Sociologie, de Philosophie des Sciences, de Logique générale, d'Histoire de la Philosophie ;

des *Études critiques* relatives aux ouvrages récemment parus ;

des *Discussions* relatives aux questions de l'Enseignement ;

des *Questions pratiques* et un *Supplément bibliographique* consacré aux ouvrages soumis, aux analyses des revues et périodiques, aux échos et nouvelles, etc.

Revue de Métaphysique et de Morale

NUMÉROS EXCEPTIONNELS

I⁰ˢ **Congrès international de Philosophie**, Paris, 1ᵉʳ-5 Août 1900 (Numéro de septembre 1900). Prix de ce numéro (214 pages) . . . . 5 fr. »

II⁰ **Congrès international de Philosophie**, Genève, 4-8 Septembre 1904 (Numéro de novembre 1904). Prix de ce numéro (240 pages). . 5 fr. »

III⁰ **Congrès international de Philosophie**, Heidelberg, 31 Août-5 Septembre 1908 (Numero de novembre 1908). Prix de ce numéro (400 pages). 8 fr. »

Centenaire de la mort de Kant (Numéro de mai 1904). Prix de ce numéro (370 pages), avec *un portrait de Kant* en héliogravure. . . . . 7 fr. 50

Cournot (mai 1905). Prix de ce numéro (264 pages), avec *une héliogravure* . . . . 5 fr. »

Six Manuscrits inédits de Maine de Biran (Numéro *supplémentaire* au numéro de mai 1906). Prix de ce numéro . . . . 2 fr. »

BIBLIOTHÈQUE DU CONGRÈS INTERNATIONAL DE PHILOSOPHIE

I. — Philosophie générale et Métaphysique. . . . . (*Épuisé*)

II. — Morale générale. In-8° de 430 pages, br. . . . . 12 fr. 50

Birch Reichenwald Aars : La responsabilité morale. — Belot : La véracité. — Bouglé : Sociologie en action sociale. — Buisson : L'idée de sanction en morale. — Dʳ Carus : La religion de la science. — Rauh : Notes sur l'idée de justice. — Mⁿᵉ Russell : L'éducation des femmes. — Ruyssen : De la méthode dans la philosophie de la paix. — Moch : L'arbitrage universel. — Baboy : Les sociétés de culture morale en Amérique, etc.

III. — Logique et Histoire des Sciences. In-8° de 690 p., br. 25 fr. »

Cantor : Origines du calcul infinitésimal. — Milhaud : Note sur les origines du calcul infinitésimal. — Bouasse : Sur l'histoire des principes de la thermodynamique. — Mac Coll : La logique symbolique et ses applications. — Johnson : Sur la théorie des équations logiques. — Schröder : Sur une extension de l'idée d'ordre. — Burali-Forti : Sur les différentes méthodes logiques pour la définition du nombre réel. — Padoa : Essai d'une théorie algébrique des nombres entiers. — Macfarlane : Les idées et principes du calcul géométrique. — Lechalas : De la comparabilité des divers espaces. — Hadamard : Note sur l'induction et la généralisation en mathématiques. — Blondlot : Exposé des principes de la mécanique. — Poincaré : Sur les principes de la mécanique, etc.

IV. — Histoire de la Philosophie. In-8° de 530 p., br. . . . 12 fr. 50

Boutroux : De l'objet et de la méthode dans l'histoire de la philosophie. — Berthelot : L'idée de physique mathématique chez les philosophes grecs entre Pythagore et Platon. — Brochard et Dauriac : Le devenir dans la philosophie de Platon. — F. C. S. Schiller : Sur la conception de l'ἐνέργεια ἀκινησίας. — Tannery : Des principes de la science de la nature chez Aristote. — Lyon : La logique inductive dans l'école épicurienne. — Picavet : La valeur de la scolastique. — Delbos : Sur la notion de l'expérience dans la philosophie de Kant. — Belot : L'idée et la méthode de la philosophie chez Auguste Comte, etc.

www.ingramcontent.com/pod-product-compliance
Lightning Source LLC
Chambersburg PA
CBHW072047080426

42733CB00010B/2022